hallo NIEDERSACHSEN KOCHT

Die besten Rezepte von Zuschauern und Profiköchen

hallo NIEDERSACHSEN KOCHT

Die besten Rezepte von Zuschauern und Profiköchen

Claudia Kersting
Erwin Neu

schlütersche

Die Deutsche Bibliothek – CIP Einheitsaufnahme

"hallo Niedersachsen" kocht: die besten Rezepte von Zuschauern und Profiköchen / [Hrsg.: NDR Landesfunkhaus Niedersachsen]. Claudia Kersting ; Erwin Neu. – Hannover : Schlütersche, 2001
ISBN-3-87706-854-5

Verlag:	Schlütersche GmbH & Co. KG, Verlag und Druckerei Hans-Böckler-Allee 7, 30173 Hannover
Herausgeber:	NDR Landesfunkhaus Niedersachsen Rudolf-von-Bennigsen-Ufer 22 30169 Hannover Tel. 05 11 / 9 88-24 15 Fax 05 11 / 9 88-24 19 E-Mail: halloniedersachsen@ndr.de Lizensiert durch NDR MEDIA GMBH
Text:	Claudia Kersting
Fotos:	Erwin Neu (Fotos auf den Seiten 14, 15, 17, 19, 33, 39, 41, 44, 59, 63, 65, 71, 85, 99, 101 von Ingo Wandmacher) Fotos auf Seite 125: Wilhelm-Busch-Museum Hannover/Deutsches Museum für Karikatur und kritische Grafik Foto auf Seite 108: Helga Lade. Berliner Bildagentur Die vier großen Landschaftsmotive für die Jahreszeiten zeigen typisch niedersächsische Landschaften: Frühling: Obstbaumblüte zwischen Einbeck und Greene (Südniedersachsen) Sommer: Ostfriesische Weiden bei Norden (Ostfriesland) Herbst: Wilseder Berg im Naturschutzpark Lüneburger Heide Winter: Winterliche Abendstimmung bei Goslar im Harz
Fachliche Beratung:	Andreas Lambert
Redaktionelle Beratung:	Thomas Kensy Birgit Kuschel
Koordination:	Claudia Flöer Karin Rau
Satz und Litho:	PER Digitaler Workflow GmbH, Braunschweig
Druck und Bindung:	Meinders & Elstermann GmbH & Co. KG, Belm bei Osnabrück

Inhalt

Frühling

Sommer

Herbst

Vorspeisen

Hauptgerichte

Nachspeisen

Winter

Vorspeisen

Hauptgerichte

Nachspeisen

Vorwort

Foto: Hassan Mahramzadeh

Genießen auf gut niedersächsisch ist das Motto dieses Buches. Noch ein Kochbuch, werden Sie fragen, warum eigentlich? Weil wir Ihnen die besten Rezepte der Zuschauer von ***hallo*** Niedersachsen unbedingt vorstellen müssen – und Sie müssen sie nachkochen.

Erstmals haben wir die besten Rezepte aus ganz Niedersachsen in diesem Buch zusammengefasst. Von Menschen, die in diesem Land leben, sie leben im Norden an der Küste, im Harz, in der Heide, an der Elbe, Ems oder Weser, im Ammerland, im Schaumburger Land, in der Grafschaft Bentheim oder den vielen anderen schönen Regionen Niedersachsens. Was sie verbindet, ist die Liebe zu ihrem Land, zu den Produkten der Region, aus denen zu jeder Jahreszeit typische Gerichte mit Liebe gekocht werden.

Die Zuschauer verbindet natürlich auch die Vorliebe für ihr Regionalprogramm ***hallo*** Niedersachsen. Jeden Abend schalten in Niedersachsen mehr als eine halbe Million Zuschauer ein, um sich über aktuelle Themen zu informieren. Fernsehen für Niedersachsen aus Niedersachsen, stets nah dran an Themen, nah dran an Menschen, Geschichten, Reportagen – Bilder aus unserem Land. Deshalb ist dieses Kochbuch auch mehr als ein Kochbuch: Mit wunderschönen Fotos aus Niedersachsen.

Im Alltag will man nicht lange am Herd stehen und trotzdem gut essen. In diesem Buch finden Sie nostalgische Rezepte, die die Sehnsucht nach Kindheit und heiler Welt wecken, am heimischen Herd entstehen aber auch Fusionen aus Ost und West, aus Nord und Süd. Andere holen mit einfachsten Mitteln aus den Produkten das Beste heraus. Manchmal sind es eben die einfachen Dinge, die überzeugen: Schlichte Zutaten, beste Qualität und natürlich das Händchen dafür, wie daraus das Beste gemacht werden kann. Der Wunsch nach Ursprünglichkeit, die Rückbesinnung auf Traditionen, auf ehrlichen Genuss, das ist der Trend zur Regionalküche. Raffinierte Rezepte von unseren Zuschauern – denn Sie wissen, was gut ist!

Marlis Fertmann
Fernsehchefin im NDR Landesfunkhaus Niedersachsen

Kleiner Leitfaden

Stört es Sie auch, sich mühevoll die Zutaten aus Rezepten für den Einkauf zusammenzusuchen? Wenn ja, werden Sie die vielen Einkaufslisten auf den nächsten Seiten freuen. Wir haben für jedes Rezept die Zutaten zum Beispiel von Sauce, Gemüse, Braten und Beilage zusammengefasst. Ein Blick auf die Liste und ein zweiter ins Regal und Sie wissen, ob die Zwiebeln reichen oder sie noch welche einkaufen müssen. Den Vorrat an Salz und Pfeffer haben wir als gegeben vorausgesetzt. Sind die Mengen, die gebraucht werden, sehr klein (etwa 20 Gramm Butter), dann haben wir lediglich »Butter« als Stichwort auf die Einkaufsliste gesetzt.

Für Anfänger oder um die Gerichte einzuordnen, sind die Rezepte außerdem in Vorspeisen, Hauptgerichte und Nachspeisen unterteilt. Natürlich können sie aus jeder Vorspeise mit zusätzlichen Beilagen ein Hauptgericht machen. Auch als kleine Mahlzeit zwischendurch eignen sich viele Vorspeisen hervorragend.

Kohl ist bei uns auch im Winter noch frisch. Spargel wird im Frühling gestochen. Wir haben unsere Rezepte nach Jahreszeiten geordnet, damit Sie die jeweils frischen Zutaten aus Niedersachsen verarbeiten können.

Die Schwierigkeitsgrade sind bei allen Rezepten angegeben. Und wer sich nicht gleich an ein kompliziertes Gericht heranwagen möchte, kann einige auch im Restaurant probieren. Da die meisten Küchenmeister ihre Speisekarte häufig ändern, ist es empfehlenswert, schon bei der Tischreservierung die speziellen Wünsche zu nennen.
Für ***hallo*** Niedersachsen-Zuschauer kochen die Spitzenköche dann ihr in diesem Buch vorgestelltes Gericht. Na dann, guten Appetit.

Claudia Kersting

Maße und Gewichte

1 l	= 1000 ml	
0,1 l	= 1 dl	
0,01 l	= 10 ml	= 1 cl

1 EL		1 TL	
Butter	15 g	Zucker	4 g
Mehl	10 g	Mehl	4 g
Zucker	15 g	Salz	3 g

Frühling

Moderne Kräuterfrauen schwören auf grünes Ketchup

Die Rezepte für die Wildgemüse-Klopse und die Wildkräutersuppe stammen von Hannelore Nolte. Schon als junge Hausfrau holte sie sich das Gemüse aus dem Garten. Gekauft wurde nichts.

Kräuter sind ihr Hobby: Hannelore Nolte.

Aber im Frühling, wenn das junge Kulturgemüse auf sich warten ließ, fehlten ihr frische Zutaten. So griff sie zu Vogelmiere, jungem Löwenzahn und Brennnesseln, um damit eine Kartoffelsuppe zu verfeinern. Im Laufe der Zeit lernte sie immer mehr über Kräuter und ihre Verwendung, kreierte leckere und gesunde Gerichte wie die Wildkräutersuppe und die Kräuterklopse. »Irgendwann wurde ich von anderen Frauen angesprochen«, erzählt die kundige Kräuterexpertin, die natürlich nichts dagegen hatte, ihre Kräuterküchen-Erfahrungen weiterzugeben. Sie begann, Vorträge zu halten und gab Kräuterkochkurse in der Volkshochschule. Für Hannelore Nolte sind die Wildpflanzen kein Allheilmittel, aber: »Man kann sich damit gesund erhalten.« Wer die 63-Jährige sieht, glaubt ihr sofort. Wen wunderts, dass sich die Interessenten in ihre Kurse drängen. Die beginnen ganz praxisnah mit dem Sammeln: »Was wir kochen, richtet sich danach, was wir finden.« Viele Kräuter lassen sich als Gemüse anrichten wie etwa Giersch, oder dienen nur als Gewürze. Andere machen sich als gesunde Optik nützlich.

Hannelore Nolte hat sich viel Wissen angeeignet. Manche ihrer Tipps sind kinderleicht. So bewahrt sie zum Beispiel den Sud von eingelegten Gurken auf und gibt junge Gänseblümchen- und Löwenzahnknospen oder die grüne Saat von Kapuzinerkresse mit ins Glas. »Wenn man den Sud noch einmal aufkocht, heiß in Gläser füllt und verschließt, sind die Knospen sehr lange haltbar«, verrät die Kräuterfrau. So hat sie auch im Winter hübsche und schmackhafte Dekorationen für Brote und Salate. Die eingelegten Gänseblümchenknospen und die Kapuzinersaat eignen sich aber auch als Kapernersatz.

Im Umgang mit Kräutern ist Fantasie gefragt. So bereitet Hannelore Nolte auch ihr grünes Ketchup aus gesammelten Pflanzen. Sechs bis acht Hände voll Wildgemüse (junge Brennnesseln, Gänseblümchenblätter, Giersch, Löwenzahn, Breitwegerich etc. – je nach dem, was man findet) werden gewaschen und gehackt. Mit gutem Essig, etwas Stärke, Zucker, Salz und Olivenöl werden die Kräuter gekocht und püriert. Das Ganze ergibt dann die etwas andere Beilage zu Fleisch.

Hunderte verschiedener Kräuter gibt es. Das Angebot ist je nach Region verschieden. »Erfahrene Kräutersammler arbeiten mit bis zu 30 Sorten«, sagt Hannelore Nolte. Aber Anfänger sollten mit nicht mehr als fünf Kräutern beginnen und ein paar Jahre damit arbeiten. Nur so lernen sie deren Geschmack, Wirkung und Verwendung richtig kennen. Für Neulinge empfiehlt Hannelore Nolte, erst einmal Quarkbrote mit Kräutern zu belegen. Dabei kann man zum Beispiel aus Brotscheiben mit Keksausstechern hübsche Formen zaubern – ideal für eine kalte Platte.

Vorsicht im Umgang mit Wildpflanzen ist ihr ein weiteres Anliegen: »Wenn man eine Wiese nicht genau kennt, auf der man sammelt, sollte man die Kräuter lieber nur zum Kochen und Backen verwenden. Denn wer legt schon Wert auf einen Fuchsbandwurm?«

Der Kräutergarten im Klosterhof Museum Isenhagen

Wer Lust hat, sich über die verschiedenen Wirkungsweisen von Kräutern zu informieren, kann das im Klosterhof Museum Isenhagen tun. Der Garten ist nach historischen Vorbildern angelegt. Dazu gehören ein Wegekreuz und ein Rundweg.

Klosterhof Museum Isenhagen
Klosterstraße, 29386 Hankensbüttel, Tel: 0 58 32 / 22 24
Öffnungszeiten: Di–Fr 14.00–16.00 Uhr, Sa/So 11.00–17.00 Uhr, Gruppen nach Vereinbarung.

Mit Keksausstechern kann man auch aus schlichten Quarkbroten optische Leckerbissen zaubern.

Wildgemüse-Klopse

Zutaten:

6 – 8 Hände voll Wildkräuter (junge Brennnessel, Giersch, Breitwegerich, Löwenzahn, Pastinake, Liebstöckel)

Bärlauch und Wiesenschaumkraut zum Würzen
1 Ei
2–3 Essl. Haferflocken oder Semmelbrösel
1–2 Essl. geriebener Schnittkäse

Butter oder Pflanzenöl zum Braten

Lungenkrautblüten als Dekoration

Zubereitung:

Kräuter waschen, tropfnass in einen Topf geben und bei mittlerer Hitze blanchieren. Die noch warmen Kräuter anschließend klein hacken.

In einer Schüssel mit den Würzkräutern, Ei und Haferflocken vermischen und mit dem geriebenen Käse abschmecken. Je nach Geschmack mit Salz und Pfeffer nachwürzen.

Mit einem Löffel Klopse formen und in einer Pfanne zartbraun braten. Das benutzte Fett über die fertigen Klopse geben.

Mit essbaren Lungenkrautblüten dekorieren. Dazu passt ausgezeichnet Kartoffelpüree und jede Art von Gemüse.

Zubereitung: leicht
Rezeptmenge: 1 bis 2 Portionen

Einkaufsliste:

1 Ei
Haferflocken oder Semmelbrösel
geriebener Schnittkäse
Butter oder Pflanzenöl

Sammelliste:

6 – 8 Hände voll Wildkräuter (junge Brennnessel, Giersch, Breitwegerich, Löwenzahn, Pastinake, Liebstöckel)
Bärlauch
Wiesenschaumkraut
Lungenkrautblüten

Wildkräutersuppe

Zutaten:

6 – 8 Hände voll Wildkräuter (junge Brennnessel, Giersch, Scharbockskraut, Löwenzahn, Lungenkraut, Hirtentäschelkraut)

2 – 3 Essl. Vollkorngrieß
0,5 l Fleischbrühe oder Fond aus dem Glas

0,25 l Milch oder Sahne
2 Essl. geriebener Gouda oder Emmentaler
Bärlauch und Wiesenschaumkraut zum Würzen
Salz
Pfeffer
Muskat

Zubereitung:

Die Kräuter gut waschen und tropfnass in einen hohen Topf geben. Bei mittlerer Hitze kurz blanchieren, bis sie zusammenfallen. Die warmen Kräuter mit dem Wiegemesser etwas klein hacken.

Den Grieß im Topf bräunen und mit Brühe ablöschen. Die Kräuter hinzufügen und noch etwa drei Minuten garen.

Mit Milch oder Sahne auffüllen, Käse dazugeben und pürieren. Mit Kräutern und Gewürzen abschmecken.

Zubereitung: leicht
Rezeptmenge: 4 Portionen

Einkaufsliste:

0,5 l Fleischbrühe oder Fond aus dem Glas
0,25 l Milch oder Sahne
Vollkorngrieß
geriebener Gouda oder Emmentaler

Sammelliste:

6 – 8 Hände voll Wildgemüse (junge Brennnessel, Giersch, Scharbockskraut, Löwenzahn, Lungenkraut, Hirtentäschelchen)
Bärlauch
Wiesenschaumkraut

Fonds und Brühen

Fonds und Brühen sind die Basis gelungener Saucen. Bei den meisten Rezepten wird eine spezielle Art und Weise beschrieben, wie die Fonds oder Brühen zu kochen sind. Sollten diese Hinweise einmal fehlen, so finden Sie hier einige grundsätzliche Tipps.

Gemüsefonds

Zutaten:

2 Gemüsezwiebeln
20 g Butter
100 g Brokkolistiele
250 g Lauch
300 g Karotten
200 g Staudensellerie
150 g Zucchini
0,25 l Weißwein
3 l Wasser
1/2 gebräunte Zwiebel
1 Zweig Thymian
11 Lorbeerblätter
1/2 Knoblauchzehe
1 Nelke

Zubereitung:

Gemüsefonds sind leicht, aromatisch und fettarm. Für Gemüsefonds lassen sich Putzreste fast jeder Gemüseart verwenden. Doch beachten Sie bitte, dass einige Gemüsearten nur in wohldosierten Mengen beigegeben werden sollten. So gibt zu viel Kohl einen penetranten Geschmack. Auch Sellerie sollte lieber fein dosiert werden. Spargel- und Pilzabfälle verbessern dagegen das Aroma. Tomaten und Karotten geben dem Fond eine angenehme Farbe.
Gemüsefonds sollte man erst kurz vor dem Weiterverarbeiten salzen, denn durch das Einkochen können sie leicht zu salzig werden.
Gemüsezwiebel schälen und in grobe Ringe schneiden. In heißer Butter hell anschwitzen.
Alle übrigen Gemüse waschen, klein schneiden und kurz mitschwitzen.
Mit dem Weißwein ablöschen und das Wasser dazugießen.
Eine gebräunte Zwiebel (s. Seite 15) und die Gewürze dazugeben. Bei mittlerer Temperatur erhitzen und 30 bis 40 Minuten köcheln lassen. Den entstehenden Schaum abheben.
Den Gemüsefond durch ein Tuch in einen Topf sieben und bis auf 1,5 l reduzieren (einkochen lassen).

Einkaufsliste:

2 Gemüsezwiebeln
100 g Brokkolistiele
250 g Lauch
300 g Karotten
200 g Staudensellerie
150 g Zucchini
1 Zwiebel
1 Zweig Thymian
11 Lorbeerblätter
1 Knoblauchzehe
1 Nelke
0,25 l Weißwein
Butter

Geflügelfond

Zutaten:

1 Suppenhuhn (oder 1 kg Kalbs- oder Rinderknochen)
3,5 l Wasser

1 Karotte
1 Stange Staudensellerie
1/2 Stange Lauch
1/2 Knoblauchzehe
1 Zweig Thymian
1 Lorbeerblatt
1 Nelke
1/2 gebräunte Gemüsezwiebel

Zubereitung:

Suppenhuhn waschen. In einem Topf mit 3,5 l kaltem Wasser zum Kochen bringen. Bei kleiner Hitze 40 Minuten köcheln lassen. Schaum und Fett abschöpfen.

Die Gemüse und Gewürze mit einem Faden zum Bouquet garni verschnüren. Mit der Zwiebel in die Suppe geben. Eine weitere Stunde bei kleinster Hitze köcheln lassen, dann das Huhn herausnehmen. Den Fond durch ein sauberes Tuch in einen Topf passieren und auf die Hälfte bis ein Drittel reduzieren.

Einkaufsliste:

1 Suppenhuhn (oder 1 kg Kalbs- oder Rinderknochen)
1 Karotte
1 Stange Staudensellerie
1 Stange Lauch
1 Knoblauchzehe
1 Zweig Thymian
1 Lorbeerblatt
1 Nelke
1 Gemüsezwiebel

Fischfond

Zutaten:

500 g Fischgräten (Steinbutt oder Seezunge)
35 g Butter
2 Schalotten
3 Champignons
1 Stange Lauch
1 Staudensellerie
1 Tomate enthäutet und entkernt
1/4 geschälte Zitrone
6 weiße Pfefferkörner
1 Thymianzweig
Salz
0,25 l trockener Weißwein
1 l Wasser

Zubereitung:

Die Fischgräten wässern und in einem Sieb abtropfen lassen. Gemüse waschen und würfeln. Die Butter in einem Topf schmelzen und das Gemüse mit der Zitrone darin anschwitzen. Gräten zugeben, salzen und mit Weißwein ablöschen. Dann mit dem Wasser auffüllen. 20 Minuten köcheln lassen und gegebenenfalls abschäumen. Zum Schluss durch ein Sieb geben.

Einkaufsliste:

500 g Fischgräten (Steinbutt oder Seezunge)
2 Schalotten
3 Champignons
1 Stange Lauch
1 Staudensellerie
1 Tomate
1 Zitrone
1 Thymianzweig
0,25 l trockener Weißwein
weiße Pfefferkörner
Butter

Tipp:

Eine gebräunte Zwiebel gibt dem Fond eine hübsche Bernsteinfarbe. Dazu wird eine ungeschälte Zwiebel halbiert und auf den Schnittflächen in einer heißen Pfanne geröstet.

Frühlingsgemüse auf Kräuter-Limonensauce

Zutaten:	**Zubereitung:**
16–20 junge Möhren *20 g Butter* *Salz* *Zucker*	Das Grün bis auf einen dekorativen Rest abschneiden. Die Möhren nur mit einer Gemüsebürste unter fließendem Wasser schrubben. In einem flachen Topf wenig Wasser zum Kochen bringen und die Möhren in einem Einsatz oder Sieb in den Dampf hängen. Deckel gut schließen. Nach ca. 4 bis 5 Minuten sind die Möhren bissfest. Vor dem Servieren etwas Zucker in der Butter auflösen und die Möhren vorsichtig glacieren, d. h. in der Zucker-Butter schwenken.
12 Stangen Frühlingszwiebeln	Der Frühlingslauch muss nur von den obersten feinen Häutchen befreit werden. Wurzelstrunk abschneiden und den Lauch oben so kürzen, dass noch ein Rest vom Grün (sehr würzig) dranbleibt.
0,1 l Geflügelfond *(aus dem Glas)*	Im Geflügelfond etwa 3 Minuten bissfest dünsten.
Salz und Pfeffer *aus der Mühle*	Mit Pfeffer und Salz abschmecken.
Gut 500 g junge Kartoffeln *Salz* *Kümmel* *Petersilienstängel* *40 g Olivenöl*	Die Kartoffeln nur mit der Wurzelbürste unter dem Wasserhahn kräftig putzen. Mit Salz, etwas Kümmel und Petersilienstängeln im Wasser gar kochen. Abgekühlte Kartoffeln halbieren oder vierteln und im Olivenöl kräftig anbraten.
1 Zweig frischer Thymian *2 Knoblauchzehen*	Thymian hinzufügen und dann langsam bräunen. Dabei die Pfanne viel bewegen. Erst dann den in Scheiben geschnittenen Knoblauch hinzufügen. Er soll zwar auch bräunen, darf aber nicht zu scharf braten, weil er dabei leicht bitter wird.
Kräuter-Limonensauce *20 g Schalotten* *40 g Butter* *0,25 l Geflügelfond* *(aus dem Glas)*	Die Schalotten fein würfeln und in der Butter dünsten. Mit dem Fond ablöschen und einkochen lassen, bis die Saucen-Grundlage einen kräftigen Geschmack hat.
80 g Crème Fraîche *1 kl. Bund Schnittlauch* *1 kl. Bund Kerbel* *Saft einer Limone* *2 Eigelb*	Crème fraîche, Kräuter und Limonensaft (erst mit der Hälfte beginnen) hinzugeben. Topf vom Herd nehmen und zwei Eigelb darunter schlagen – die Sauce darf jetzt nicht mehr kochen. Salzen und pfeffern.

Zubereitung: leicht
Rezeptmenge: 4 Portionen

Einkaufsliste:

16–20 junge Möhren (Bleibt das Grün dran, bleiben die Möhren länger frisch)
12 Stangen Frühlingszwiebeln
20 g Schalotten
0,35 l Geflügelfond (aus dem Glas)
80 g Crème Fraîche
1 Limone
2 Eier
1 kl. Bund Schnittlauch
1 kl. Bund Kerbel
Gut 500 g junge Kartoffeln
2 Knoblauchzehen
1 Zweig frischer Thymian
Kümmel
1 kl. Bund Petersilie
Butter
Olivenöl

Wattenmeer in Cuxhaven-Duhnen.

Die Wattenpost von Cuxhaven

Wer in Cuxhaven Lust auf Abenteuer hat, sollte sich Zeit für eine Wattwagenfahrt nehmen: eine Touristenattraktion mit Tradition! Bereits 1880 brachte Postreiter Peter Brütt die Briefe über das Watt zur Hallig Neuwerk. Sein Sohn Christian kam fünf Jahre später auf die Idee, zwei Pferde vor einen Ackerwagen zu spannen und das war die Geburtsstunde der ersten Wattwagenfahrt. Schon bald transportierte Christian Brütt nicht nur Pakete und Briefe von Duhnen nach Neuwerk, auch erste Touristen, die Quiddjes, wie die Binnenländer hier genannt werden, fanden Gefallen an den Fahrten. Und noch heute befördert die Familie Brütt Urlauber auf die Hallig. Nach einer vierstündigen Fahrt kann man sich etwa eine Stunde auf Neuwerk aufhalten. Wer die 140 Stufen zum Leuchtturmanbau erklimmt, wird mit einem phantastischen Ausblick belohnt.

Mit der Wattenpost zur Insel Neuwerk: Abfahrt beim »Haus Wattenpost« an der Strandpromenade in Cuxhaven-Duhnen. Infos unter Tel: 0 47 21 / 4 81 39.

Mit dem Pferdewagen zur Insel Neuwerk – schon lange eine Touristenattraktion.

Junge Möhrensuppe

Zutaten:

1 Bd. Junge Möhren
0,5 l Gemüsebrühe
20 g Butter
Pfeffer
Salz
Zucker
Schnittlauch

Zubereitung:

Möhren waschen und schälen. Die Hälfte der Möhren in sehr wenig Brühe und 10 g Butter garen und anschließend pürieren.
Die andere Hälfte Möhren in schräge Scheiben schneiden. Die Scheiben wiederum schräg halbieren und in der restlichen Brühe garen. Kalte Butter und das Möhrenpüree dazugeben. Nach Geschmack würzen. Vor dem Servieren mit Schnittlauchstückchen garnieren.

Zubereitung: leicht und schnell
Rezeptmenge: 4 Portionen

Einkaufsliste:

1 Bd. Junge Möhren
0,5 l Gemüsebrühe
Butter
Schnittlauch

Restauranttipp:

Panorama-Gourmetrestaurant Sterneck im Badhotel Sternhagen

Die Junge Möhrensuppe können Sie im Panorama-Gourmetrestaurant Sterneck nur auf Anfrage genießen, denn die Speisekarte wechselt wöchentlich. Die eher schlichte Möhrensuppe zeigt, wie hier auch mit einfachen Zutaten Köstlichkeiten gezaubert werden. Das kleine Restaurant mit 20 Plätzen gehört zum Badhotel Sternhagen und wendet sich an Gäste mit etwas exklusiverem Geschmack. Die erlesenen Fisch- und Fleischgerichte sind etwas für Kenner.

Anfahrt: Ab Autobahn Richtung Duhnen, danach ist der Weg zum Badhotel ausgeschildert.

Panorama-Gourmetrestaurant Sterneck
im Badhotel Sternhagen
Cuxhavener Straße 86, 27476 Cuxhaven-Duhnen
Tel: 0 47 21 / 43 40, Fax: 0 47 21 / 43 44 44
Do–So 12.30–16.00 Uhr, Küchenannahme bis 14.00 Uhr,
und 17.30–23.30 Uhr, Küchenannahme bis 20.30 Uhr,
Tischreservierung erforderlich.

Bunter Spargelsalat mit Rehschinken

Zutaten:

Marinade
10 cl Himbeeressig
20 cl Traubenkernöl
5 cl Aceto Balsamico
Saft einer halben Zitrone
Salz, Pfeffer, Zucker

Salat
600 g Spargel
1 Bund Radieschen
3 Frühlingszwiebeln
1 Bund Kerbel
250 g Kirschtomaten
100 g Champignons
(Rosé sehen besonders hübsch aus und sind aromatischer)
1 Lollo Rosso

200 g Rehschinken

Zubereitung:

Himbeeressig, Traubenkernöl, Balsamico und Zitronensaft mischen und mit Salz, Pfeffer und Zucker nach Belieben abschmecken.

Spargel schälen und kochen. Spitzen abschneiden und für die Garnierung aufheben. Spargelstangen dritteln. Radieschen in Scheiben schneiden. Zwiebeln würfeln, Kerbel bis auf einen Zweig hacken. Kirschtomaten vierteln und Champignons in Scheiben schneiden. Lollo Rosso waschen.

Außer dem Spargel alles mit der Marinade vermengen. Den Spargel in einer flachen Schale anrichten und den marinierten Salat gleichmäßig darüber verteilen. Mit dem Schinken, den Spargelspitzen und einem Kerbelzweig servieren.

Zubereitung: einfach, aber etwas zeitaufwändig
Rezeptmenge: 6–8 Portionen

Einkaufsliste:

600 g Spargel
10 cl Himbeeressig
20 cl Traubenkernöl
5 cl Aceto Balsamico
1 Lollo Rosso
1 Bund Radieschen
3 Frühlingszwiebeln
250 g Kirschtomaten
100 g Champignons
200 g Rehschinken
1 Bund Kerbel
1 Zitrone

Spargeleintopf mit Lachs

Zutaten:

600 g Spargel (auch Bruch)
2 Stangen Lauch
2 Möhren
400 g Kartoffeln
2 mittlere Zwiebeln
25 g Butter
30 cl trockener Weißwein
0,5 l Fleischbrühe
500 g Lachsfilet
Salz
Pfeffer
etwas Zitronensaft
25 g Butter
500 g Sahne
Zucker
Mehlbutter aus 40 g Mehl und 40 g Butter oder Soßenbinder
5 cl Amaretto
1 Bund Kerbel (etwa 50 g)

Zubereitung:

Spargel schälen, Lauch und Möhren putzen, Kartoffeln schälen und würfeln, Zwiebeln klein schneiden und alles in Butter anschwitzen. Mit Weißwein ablöschen und mit Brühe auffüllen.

Den Lachs in Würfel schneiden, mit Salz und Pfeffer würzen, leicht mit Zitronensaft beträufeln. Butter in der Pfanne erhitzen, den Lachs hineingeben und von allen Seiten kurz scharf anbraten – vom Herd nehmen.

Sahne zum Eintopf geben und kurz aufkochen lassen, mit Soßenbinder oder der Mischung aus Mehl und Butter andicken. Mit Amaretto abschmecken, Lachswürfel hinzugeben und mit dem gehackten Kerbel servieren.

Auch als Hauptgericht möglich.

Zubereitung: mittel
Rezeptmenge: 8–10 Portionen

Einkaufsliste:

600 g Spargel (auch Bruch)
2 Möhren
2 Stangen Lauch
1 Bund Kerbel
400 g Kartoffeln
2 mittelgroße Zwiebeln
500 g Lachsfilet
500 g Sahne
0,5 l Fleischbrühe
Soßenbinder oder 40 g Mehl
1 Zitrone
Butter
Weißwein
Amaretto

Tipp:

Mehlbutter dient zum Binden von heißen Flüssigkeiten wie Saucen und Suppen. Dazu die jeweils gleiche Menge weiche Butter und Mehl verkneten. Die Masse in die Sauce oder Suppe einrühren und 5 Minuten aufkochen lassen. Als Faustregel gilt: 50 g Mehl und 50 g Butter auf 1 l Flüssigkeit.

Restauranttipp:

Wirtshaus Gausenest

Lust auf Spargel? In der Saison serviert das Gasthaus Gausenest in Hasbergen Ihnen beide Spargelgerichte auf Vorbestellung, denn in jeder Saison werden neue Spargelvariationen kreiert. In dem mehr als 500 Jahre alten Fachwerkhaus in Hasbergen arbeiten die Brüder Hans-Joachim und Peter Kliche Hand in Hand. Die Atmosphäre des historischen Hauses ist rustikal und gemütlich. Wild, Fisch, Lamm und Gans gehören zu den Spezialitäten. Küchenchef Peter Kliche ist nach mehrjähriger Wanderschaft durch die mediterrane Küchenlandschaft wieder in Hasbergen angekommen.
Das Gausenest ist sehr kinderfreundlich. Im »kleinen Gausenest« gibt es eine Kinderspielecke.

Tipp: Besondere Menüs serviert das Gausenest auf ausgefallenem Geschirr. Wenn Ihnen davon etwas gut gefallen hat, schauen Sie doch auf dem Rückweg im Atelier Trieb, Am Sutthauser Bahnhof 5 b, in Osnabrück, vorbei. Volker Johannes Trieb entwirft nicht nur Keramiken, sondern zeigt im Garten auch seine Skulpturen und themenbezogenen Brunnen. Von der Küche bis zum Badezimmer ist sogar das Atelier Ausstellungsfläche. Täglich 10.00–18.00 Uhr.

Anfahrt: Von der A 30 Abfahrt Osnabrück-Hellern, Richtung Lengerich. Das Gausenest liegt zwischen Hasbergen und Lengerich.

Wirtshaus Gausenest
Am Plessen 1, 49205 Hasbergen, Tel: 0 54 05 / 58 79
Di–Sa ab 17.30 Uhr, an Sonn- und Feiertagen ab 11.30 Uhr, Mo Ruhetag.

Bier wie im Mittelalter

Um die Braunschweiger Mumme ranken sich viele Legenden. Angeblich soll sich im 15. Jahrhundert ein Mann namens Christian Mumme aus Liebeskummer in ein Kloster zurückgezogen haben. Gemeinsam mit einem Bier brauenden Mönch ertränkte er seinen Kummer und gemeinsam gründeten beide etwas später die erste Mummebrauerei.

Wohl nur eine Legende, denn die ersten Aufzeichnungen über Braunschweiger Mumme stammen bereits aus dem Jahr 1390. Damals war Mumme ein reines alkoholhaltiges Gerstenbier. Im 17. Jahrhundert gab es sogar verschiedene Sorten wie Kirschmumme, Erntemumme und Mummedünnbier. Bis nach Indien und in die Karibik wurde die Braunschweiger Spezialität verschifft, denn wegen des hohen Zucker- und Alkoholgehalts war es das einzige Bier, das sich im tropischen Klima hielt. Der hochprozentige Malzsirup wurde mit Kardamom und Tannennadeln gewürzt. Die Iren brauten nach diesem Vorbild übrigens später ihr Guinness.

Doch als die Bierbrauer im 18. Jahrhundert anfingen zu panschen, ließ die Nachfrage schnell nach.

Um die Jahrhundertwende wurde in Braunschweig nur noch alkoholfreie Mumme verkauft, die vorrangig als Medizin getrunken wurde. 1990 schloss die letzte Mummebrauerei.

Apotheker Roland Bohlmann stöberte das alte Rezept aus dem Mittelalter im Stadtarchiv auf. Seit 1996 verkauft er den alkoholfreien Gersten-Malz-Extrakt in seinen Braunschweiger Apotheken Hagenmarkt und St.-Martini. 5,80 Mark kosten 0,2 l in dunkelblauen Flaschen. Der Erlös geht an die »Braunschweiger Tafel«, die Mahlzeiten für Bedürftige anbietet.

Aber auch im Supermarkt steht Braunschweiger Mumme inzwischen in den Regalen. Der Mumme-Ansturm war für Bohlmann, der nur in den eigenen Apothekenräumen produziert, irgendwann zu groß. 1997 kam sein Freund Christian Basilius dazu, der Mumme seitdem in Dosen abfüllt. Besonders die Gastronomen freuen sich über die Wiederbelebung dieser Tradition. Denn neben dem Falschen Filet in Mumme-Gelee gibt es viele alte Rezepte mit dem Gebräu – von der Mumme-Bier-Ente bis zum Mumme-Bierschinken.

Restauranttipp:

Dannenfelds Restaurant im ARTmax

Wer eines der besonderen Mumme-Gerichte probieren möchte, ist in Dannenfelds Restaurant an der richtigen Adresse. Der junge Koch Jens Dannenfeld bereitet auf Vorbestellung das »Falsche Filet in Mummegelee« für Sie zu. Das moderne Restaurant setzt auf kreative Küche. Gerichte mit Bärlauch sind hier ebenso zu finden wie die bodenständige Küche. Besonders angenehm sitzt man in der warmen Jahreszeit auf der Terrasse unterm Kastanienbaum. Brasserie und Bar gehören ebenfalls dazu.

Anfahrt: Autobahn A 391, Abfahrt Braunschweig Weststadt, Richtung Zentrum. Über Münchenstraße und Luisenstraße Richtung Lessingplatz.
Das Restaurant liegt zwischen der Kramerstraße und Konrad-Adenauer-Straße.

Dannenfelds Restaurant im ARTmax
Frankfurter Straße 4, 38122 Braunschweig
Tel: 05 31 / 2 81 98 10, Fax: 05 31 / 2 81 98 28
Tägl. außer Di 12.00–14.30 Uhr und ab 18.00 Uhr.

Falsches Filet im Mummegelee

Zutaten:

400 g Falsches Filet vom Rind (auch falsche Lende genannt)
300 g Lauch
300 g Karotten
300 g Staudensellerie
3 Zwiebeln
2 cl Olivenöl
4 Pimentkörner
2 Nelken

2 Eiweiß

Salz
Pfeffer
2 cl Sherryessig
0,25 l Mumme (Guinness oder ein anderes Starkbier gehen auch)
8 Blatt weiße Gelatine
1 Kopf Blattsalat

Zubereitung:

Das Falsche Filet mit 1,5 l kaltem Wasser aufsetzen. Die Gemüse fein würfeln und alles (bis auf den Lauch) in kochendem Wasser blanchieren. Danach im Eiswasser abschrecken, damit die Farben erhalten bleiben.
Die ungeschälten Zwiebeln halbieren und in einer Pfanne auf den Schnittflächen scharf anrösten. Durch die gerösteten Zwiebeln erhält die Brühe einen kräftigen Geschmack und eine dunkle Farbe.
Die gewaschenen Abschnitte vom Gemüse (auch vom Lauch), die gerösteten Zwiebeln und das Piment mit den Nelken zum Falschen Filet geben. 1,5 Stunden köcheln lassen. Das Fleisch aus dem entstandenen Fond nehmen und die Flüssigkeit durch ein Sieb passieren.
Der Fond muss dann noch auf die Hälfte eingekocht werden, damit er intensiver wird. Das Eiweiß leicht aufschlagen und in den erkalteten Fond rühren. Alles noch einmal langsam bei mittlerer Hitze aufkochen lassen. Anschließend muss der Fond 15 Minuten ruhen. Das Eiweiß bindet alle Trübstoffe und anderen Rückstände.Wird der Fond jetzt durch ein Tuch gefiltert, entsteht eine appetitlich klare Flüssigkeit.
Diese geklärte Brühe mit Salz, Pfeffer, Sherryessig und Mumme abschmecken und die eingeweichte Gelatine dazugeben. In einer Form das fein gewürfelte Fleisch und das Gemüse schichten, mit dem Gelee auffüllen und mindestens 2 Stunden kühl stellen.
Erkaltete Sülze in Scheiben schneiden und auf Blattsalat servieren. Dazu passt ein warmer Kartoffel-Lauchsalat.

Zubereitung: schwer
Rezeptmenge: 4 Portionen

Einkaufsliste:

400 g Falsches Filet vom Rind (auch falsche Lende genannt)
300 g Lauch
300 g Karotten
300 g Staudensellerie
3 Zwiebeln
4 Pimentkörner
2 Nelken
2 Eier
0,25 l Mumme (Guinness oder ein anderes Starkbier gehen auch)
1 Kopf Blattsalat
8 Blatt weiße Gelatine
Olivenöl
Sherryessig

Kabeljau auf der Haut gebraten mit Ragout von Paprika und weißen Bohnen

Zutaten:

Ragout
300 g kleine weiße Bohnenkerne (am Vortag eingeweicht)
1 Bouquet Garni (Kräutersträußchen aus Sellerie, Karotte, Lauch, Thymian und Lorbeer)

2 rote Paprikaschoten

Zubereitung:

Die weißen Bohnen und das Bouquet garni knapp mit Wasser bedecken und langsam gar köcheln. Nach dem Abkühlen das Bouquet herausnehmen und die Bohnen im entstandenen Fond beiseite stellen.

Die roten Paprika 10 Minuten in den auf Maximalhitze vorgeheizten Ofen schieben. Anschließend etwas abkühlen lassen. Die Haut abziehen, Paprika vierteln, Kerne entfernen, die Viertel noch mal vierteln.

Einkaufsliste:

300 g kleine weiße Bohnenkerne

1 Bouquet Garni (Kräutersträußchen aus Sellerie, Karotte, Lauch, Thymian und Lorbeer)

2 rote Paprikaschoten

20 kl. Kartoffeln

3 Knoblauchzehen

1 kleine Chilischote

20 kl. Kartoffeln
3 Knoblauchzehen
Olivenöl
Salz
Pfeffer

Die Kartoffeln kochen und pellen. Die Knoblauchzehen schälen und in feine Scheiben schneiden. In Olivenöl vorsichtig hellbraun anrösten und aus der Pfanne nehmen. Die Kartoffeln in dem benutzten Öl langsam braun werden lassen. Salzen und pfeffern. Zum Schluss den Knoblauch wieder hinzufügen – dann wird er nicht bitter.

1 kleine Chilischote
5 cl ital. heller Balsamessig oder anderer milder Weinessig
120 g Butter

Die Bohnen in einem Sieb abgießen und den Fond auffangen. Dann die Bohnen mit etwas Olivenöl im Topf anschwitzen. Gehackte Chilischote, Essig, Paprika und etwas Bohnenfond hinzugeben. Aufkochen lassen und mit der Butter liieren, d. h. unterziehen.

Kabeljau:
4 Kabeljaufilets á 170 g mit Haut (vom Fischhändler schuppen lassen)
Zitronensaft
Salz

In einer beschichteten Pfanne die mit Salz und Zitrone gewürzten Fischfilets auf der Hautseite scharf anbraten, bis sie schön braun sind. Danach die Pfanne mit dem auf der Haut liegenden Fisch in den vorgeheizten Ofen schieben und bei 220 Grad etwa 4 Minuten garen. Ist der Fisch danach noch zu roh, muss er in der noch ofenheißen Pfanne gewendet werden.
Das Paprika-Bohnen-Ragout in tiefe Teller geben. Den Fisch mit der knusprigen Hautseite nach oben darauf legen. Die Kartoffeln werden rundherum angerichtet.

1 kl. Bund Petersilie
Pflanzenöl

Wer mag, gibt noch in Pflanzenöl frittierte Petersilienblätter dazu.

Zubereitung: mittelschwer
Rezeptmenge: 4 Portionen

5 cl ital. heller Balsamessig – oder anderer milder Weinessig
4 Kabeljaufilets à 170 g mit Haut (vom Fischhändler schuppen lassen)
1 Zitrone
1 kl. Bund Petersilie
120 g Butter
Olivenöl

Restauranttipp:

Pades Restaurant

Wenn Sie richtig genießen wollen, wird Ihnen bei Wolfgang Pade die Auswahl schwer fallen. Der Wirt und Koch verwöhnt Sie zum Beispiel mit auf der Haut gebratenem Kabeljau. Da auch in Pades Restaurant das Speiseangebot häufig wechselt, sollten Sie den Kabeljau vorbestellen.

Seit August 2001 hat das Restaurant nach 16 Monaten Renovierungsarbeiten seinen neuen Sitz in einem 500 Jahre alten Verdener Patrizierhaus gegenüber dem Domplatz. Durch die Frontfenster blickt man auf den Dom – der ist übrigens einen kleinen Abstecher wert! Auf dem 2500 Quadratmeter großen Grundstück kann man unter bis zu 200 Jahre alten Bäumen dinieren – bis 2002 auf Bistro-Niveau, später auch nach der Restaurantkarte. Sehr beliebt bei den Gästen sind auch die monatlich organisierten Kochkurse. Außerdem kommen die Restaurantköche auf Wunsch auch zum Kochen zu Ihnen nach Hause – »Rent a cook« heißt Pades Devise.

Anfahrt: Verden Richtung Stadtmitte zum Dom.

Pades Restaurant
Grüne Straße 5, 27283 Verden
Tel: 0 42 31 / 30 60, Fax: 0 42 31 / 8 10 43
Öffnungszeiten Bistro: täglich 12.00–14.00 Uhr und 18.30 bis 22.30 Uhr;
Öffnungszeiten Restaurant: Di–Sa ab 18.30 Uhr, Küchenannahmeschluss 21.30 Uhr.

Es ist angerichtet: Appetitlich frischer Bärlauch!

Bärlauch: Gesund und lecker

Seit 40 Jahren ist Wilhelm Schäfer jeden Frühling in den Wäldern unterwegs und sammelt Bärlauch. Der 77-jährige pensionierte Landwirt aus Wobeck bei Schöppenstedt schwört auf die entschlackende Wirkung des Waldknoblauchs. Denn ähnlich dem echten Knoblauch wird auch Bärlauch eine heilende Wirkung zugesprochen. Selbst Bären sollen auf die Kraft des Krautes setzen und sich nach dem Winterschlaf auf die Suche nach den intensiv riechenden Blättern machen. Daher wohl auch der Name.

Wilhelm Schäfer sammelt von April bis Mai. »Denn wenn der Bärlauch erst einmal blüht, ist das Aroma nicht mehr so intensiv.« Unter Buchen und Erlen ist der Boden besonders humusreich und der Bärlauch wächst üppig. Vor allem den unteren, weißen Teil schätzt der Experte.
Wilhelm Schäfers Lieblingsgericht ist der Knoblauchquark. 10 bis 20 klein geschnittene Bärlauchstiele und -blätter mischt er mit einem Becher Quark. Mit Salz, Pfeffer und eventuell etwas Meerrettich wird abgeschmeckt – und fertig ist ein würziger Brotaufstrich.

Frischer Bärlauch soll übrigens auch bei chronischen Hautkrankheiten helfen, hohen Blutdruck und Schlaflosigkeit lindern und zu einem ausgezeichneten Gedächtnis verhelfen.

Aber Achtung: Nicht überall ist das Sammeln von Bärlauch erwünscht. Im flachen Land – etwa nördlich vom Mittellandkanal – steht der wilde Knoblauch auf der »roten Liste« der Umweltschützer. Hier kommt Bärlauch immer seltener vor und sollte daher nicht gepflückt werden. Im südlichen, bergigen Niedersachsen (Deister, Weserbergland etc.) gibt es ihn häufiger und dort darf er auch gesammelt werden. Abermals Achtung: Bärlauchblätter ähneln den giftigen Blättern der Maiglöckchen! Um sicher zu gehen, zerreibt man das frische Grün mit den Fingern. Ein intensiver Knoblauchgeruch ist dann ein untrügliches Zeichen dafür, echten Bärlauch gefunden zu haben.

Wer jeden Irrtum ausschließen will, kauft den Bärlauch lieber auf dem Markt.

Bärlauchpesto

Zutaten:

60 g Pinienkerne
50 g geriebener Parmesan
40 g gewaschener Bärlauch
2 Knoblauchzehen
50 g Olivenöl

Zubereitung:

Alle Zutaten im Mixer oder mit dem Pürierstab ganz fein pürieren. Fertig ist das Pesto.

Bärlauch eignet sich sehr gut als Würzpaste für Nudel-, Reis- und Kartoffelgerichte.

Einkaufsliste:

60 g Pinienkerne
50 g geriebener Parmesan
40 g Bärlauch
2 Knoblauchzehen
50 g Olivenöl

Bärlauch-Nudelpfanne

Zutaten:

250 g Nudeln (Hörnchen, Zöpfli oder Spiralen)
1 Handvoll frische Bärlauchblätter
1 Essl. Butter
1 Essl. Öl
Salz, Muskat, Pfeffer

Variante:
50 g Möhren
50 g Lauchzwiebeln
50 g Brokkoliröschen
50 g Zucchini
100 g geriebener Emmentaler oder Gruyère

Zubereitung:

Nudeln in reichlich Wasser mit Öl und einer Prise Salz nicht zu weich kochen. In ein Sieb geben und mit kaltem Wasser abschrecken. Den Bärlauch in feine Streifen schneiden und in einer Pfanne mit Butter andünsten. Die abgetropften Nudeln untermischen. Mit Pfeffer, Salz, Muskat abschmecken.

Auch mit Gemüse und Käse ist die Nudelpfanne sehr lecker. Dazu Möhren, Lauchzwiebeln und Zucchini in feine Streifen schneiden (kleiner als Streichhölzer). Brokkoliröschen kurz in Salzwasser blanchieren. Gemüse in Butter anbraten und Bärlauch hinzugeben. Nudeln untermischen. Käse hinzugeben und durchrühren, bis der Käse geschmolzen ist. Mit Pfeffer und Salz abschmecken.
Beide Varianten werden mit gerösteten Sonnenblumenkernen dekoriert.

Zubereitung: einfach
Rezeptmenge: 2 Portionen

Einkaufsliste:

250 g Nudeln (Hörnchen, Zöpfli oder Spiralen)
1 Handvoll frische Bärlauchblätter

Variante:

50 g Möhren
50 g Lauchzwiebeln
50 g Brokkoliröschen
50 g Zucchini
100 g geriebener Emmentaler oder Gruyère

Anis-Hähnchen.

Anis-Hähnchen

Zutaten:

1 Essl. Honig
3–4 Sternanis
0,25 l trockener Weißwein
1 Poularde
1 Bund Suppengrün
2 reife Birnen

250 g grüne Weintrauben
(am besten kernlos)
1 Essl. Butter
1 Essl. blättrige Mandeln
Salz
Pfeffer

Zubereitung:

Honig, Sternanis und eine halbe Tasse Wein in einem Topf aufkochen und beiseite stellen. Das Huhn in Stücke zerlegen. Flügelenden und Hals mit dem geputzten Suppengrün aufkochen und eine Geflügelbrühe herstellen.

Birnen schälen, halbieren, entkernen und längsseits einritzen. Eine halbe Tasse Wein darüber geben und ziehen lassen.
Die Weintrauben waschen, halbieren und evtl. Kerne entfernen.
In der Butter andünsten. Die Mandeln dazugeben und mit dem Rest Wein ablöschen. Die Fleischstücke salzen und pfeffern und in einer Pfanne goldbraun anbraten. Deckel drauf und je nach Stärke der Stücke etwa 30 Minuten köcheln lassen. Während dieser Zeit muss das Fleisch immer wieder mit der Wein-Honig-Soße bestrichen oder begossen werden.
Vorsicht: Es brennt schnell an!
Fleisch warm stellen. Das Bratenfett mit der Hühnerbrühe und dem Rest der Wein-Honig-Soße ablöschen, abschmecken und bei Bedarf etwas binden. Das Fleisch, die Birnenhälften und die Weintrauben auf vier Teller verteilen. Soße extra servieren.
Als Beilage eignet sich Reis.

Zubereitung: mittelschwer
Rezeptmenge: für 3–4 Portionen

Einkaufsliste:

1 Poularde
3–4 Sternenanis
0,25 l trockener Weißwein
1 Bund Suppengrün
2 reife Birnen
250 g grüne Weintrauben (am besten kernlos)
1 Essl. blättrige Mandeln
Honig

Heilbutt unter der Kartoffelkruste

Zutaten:

800 g mehlig kochende,
mittelgroße Kartoffeln

4 Heilbuttfilets (je 200 g)
Saft von einer Zitrone
1 Essl. Olivenöl
Pfeffer
Salz
50 g mittelscharfer Senf
2 Knoblauchzehen
1 Essl. Olivenöl
0,12 l Milch
0,12 l Sahne
120 g Camembert
Pfeffer
Salz

Zubereitung:

Die Kartoffeln schälen und in sehr dünne Scheiben schneiden.
In Salzwasser etwa 6 Minuten blanchieren. Abgießen und abtropfen lassen.
Heilbuttfilets waschen, trocken tupfen und mit Zitronensaft beträufeln. Eine feuerfeste Form mit einem Esslöffel Olivenöl ausstreichen und die Heilbuttfilets hineinlegen. Den Fisch salzen, pfeffern und mit Senf bestreichen. Die Kartoffelscheiben ziegelartig auf den Heilbutt legen.

Den Backofen auf 200 Grad vorheizen. Das restliche Olivenöl erhitzen, den Knoblauch dazu pressen und andünsten. Milch, Sahne und Käse zufügen. Kurze Zeit köcheln lassen und mit Pfeffer und Salz abschmecken. Die Sauce über die Kartoffeln gießen und alles 15 bis 20 Minuten im heißen Backofen garen.
Dazu passen hervorragend Blattsalate.

Zubereitung: einfach
Rezeptmenge: 4 Portionen

Einkaufsliste:

800 g mehlig kochende, mittelgroße Kartoffeln
4 Heilbuttfilets (je 200 g)
1 Zitrone
2 Knoblauchzehen
120 g Camembert
mittelscharfer Senf
Milch
Sahne
Olivenöl

Lammrücken in Salzkruste

Zutaten:

Lammrücken
600 g Luisenhaller Pfannensalz
1 Eiweiß
etwa 50 g frische Kräuter (Petersilie, Basilikum, Thymian)
300 g gut pariertes Lammrückenfilet
Pfeffer aus der Mühle
etwas Dijon Senf

Zubereitung:

Aus dem Pfannensalz mit Eiweiß und etwas Wasser einen kompakten Teig herstellen. Die Kräuter klein schneiden.

Den Lammrücken mit Pfeffer würzen und in heißem Fett scharf anbraten. Dann dünn mit Senf bestreichen, in den gehackten Kräutern wenden und zur Seite stellen. In einer feuerfesten Backform aus der Hälfte der Salzmasse einen Sockel formen, auf dem der Lammrücken Platz findet. Mit der anderen Teighälfte zudecken.
Bei 220 Grad im Ofen 15 Minuten backen. Anschließend 5 Minuten ruhen lassen. Zum Anrichten den fertigen Lammrücken aus der Salzkruste nehmen und in gleichmäßige Scheiben schneiden.

Einkaufsliste:

300 g gut pariertes Lammrückenfilet
600 g Luisenhaller Pfannensalz (grobes Meersalz geht auch)
1 Schalotte
2 Champignons
1 Sträußchen Thymian
1 Lorbeerblatt
6 cl Rotwein
0,3 l Lammfond (aus dem Glas)
1 Ei

Thymiansauce
1 gehäufter Essl. gehackte Schalotte
2 in Scheiben geschnittene Champignons
1 Sträußchen Thymian
1 halbes frisches Lorbeerblatt
6 cl Rotwein
0,3 l Lammfond (aus dem Glas)
Kalte Butter

Schalotte, Champignons und die Gewürze in etwas Butter in einem Topf anbraten, mit Rotwein ablöschen.

Auf die Hälfte einkochen, mit dem Lammfond auffüllen und nochmals auf die Hälfte einkochen und passieren. Die Sauce mit kalter Butter binden und anrichten.

Zubereitung: mittel
Rezeptmenge: 1–2 Portionen

etwa 50 g frische Kräuter (Petersilie, Basilikum, Thymian)
Dijon Senf
Butter

Restauranttipp:

Restaurant Novalis im Burghotel Hardenberg

Malerisch thront die 1000 Jahre alte Ruine der Burg derer von Hardenberg über dem Burghotel. Bereits seit 200 Jahren ist das Haus bekannt für seine Gastronomie. Das dem Hotel angeschlossene Restaurant Novalis kredenzt Ihnen auf Wunsch das Lammfilet in Salzkruste. Den klangvollen Namen bekam das Restaurant Novalis nach dem Pseudonym des Dichters Friedrich von Hardenberg. Vielleicht auch, weil die Gourmetküche wirklich ein Gedicht ist und die Werke des Dichters Novalis ihren festen Platz in der deutschen Romantik haben.

Ein besonders schöner Platz, um einen der 273 verschiedenen Weine zu probieren, ist die Terrasse unterhalb des Burghotels. Im »Novalis« sind auch Familien gut aufgehoben: Jede Restauranttoilette besitzt eine Wickelmöglichkeit. Außerdem gibt es eine spezielle Kinderspeisekarte, die gemeinsam mit 62 Kindern der örtlichen Grundschule zusammengestellt wurde. Das garantiert eine absolut ausgefeilte Kost!

Anreise: Ab Autobahn A7 nach Nörten-Hardenberg, dann etwa 3 Kilometer in Richtung Bishausen. Das Burghotel Hardenberg liegt auf der linken Seite.

Restaurant Novalis im Burghotel Hardenberg
Im Hinterhaus 11 A, 37176 Nörten-Hardenberg
Tel: 0 55 03 / 98 10, Fax: 0 55 03 / 98 16 66
Öffnungszeiten: Di–Sa 12.00–14.00 und 18.30–22.00 Uhr

Salzgewinnung wie vor 1000 Jahren

Bei soviel Leckereien mit Salz wird man neugierig, wie Salz gewonnen wird. Besuchen Sie doch einmal die 150 Jahre alte Saline Luisenhall in Göttingen. Nach einer 1000 Jahre alten Methode wird hier aus natürlicher Sole Siedesalz gewonnen, denn die Luisenhaller Quellen reichern sich in 460 Metern Tiefe mit dem Salz des 250 Millionen Jahre alten früheren Meerwassers an.

Das Pfannensiedeverfahren ist die älteste Art, Salz herzustellen. Dabei fließt die Sole in große Pfannen und wird bei etwa 70 Grad gesiedet. Geheizt wurde bis 1988 mit Holzabfällen, inzwischen mit Steinkohle. Das Salz kristallisiert aus, wird getrocknet und anschließend nach den verschiedenen Körnungen sortiert verpackt.

Überall hinterlässt das Salz seine Spuren. Auch am Bohrkopf, über den die Sole nach oben befördert wird.

Übrigens: Salz ist nicht nur als Gewürz, sondern auch im Haushalt vielfach einsetzbar. So verschwinden zum Beispiel Insekten und Kleintiere aus Salat und Gemüse, wenn man diese mit lauwarmem Salzwasser wäscht. Kuchen werden auch mit wenig Eiern schön gelb, wenn man Eidotter mit etwas Salz verquirlt. Und auf die Prise Salz im gemahlenen Kaffee vor dem Aufbrühen schwörten schon unsere Großmütter. Das besondere Kaffeearoma gibt ihnen Recht.

Die Saline Luisenhall.

Saline Luisenhall, Greitweg 48, 37081 Göttingen
Tel: 05 51 / 9 30 26, Fax: 05 51 / 9 42 90
E-Mail: Info@Siedesalz.de

Die Termine für die nächsten öffentlichen Führungen gibt es bei der Touristinformation im alten Rathaus.
Markt 9, 37073 Göttingen, Tel: 05 51 / 4 99 80 12
Öffnungszeiten: April–Oktober Mo–Fr 9.30–18.00 Uhr, Sa/So 10.00–16.00 Uhr, sonst Mo–Fr 9.30–13.00 Uhr und 14.00–18.00 Uhr, Sa 10.00–13.00 Uhr.

Restauranttipp:

Fischereihafen-Restaurant Natusch

Das Filet vom Lachs in Salzkruste ist nur eine der wenigen Spezialitäten im Fischereihafen-Restaurant Natusch. Der Gastronom und Inhaber Lutz Natusch ersteigert morgens um sieben Uhr in den Bremerhavener Auktionshallen die besten Lachse, Seeteufel, Rochen und andere Delikatessen. Frischer geht es nicht. Seit mehr als 50 Jahren ist das erfolgreiche Restaurant im Familienbesitz. Aber nicht nur die exzellente Küche der beiden Chefköche Carsten Wulff und Richard Apel ist einen Besuch wert. Auch das Ambiente ist ungewöhnlich. Da ragt beispielsweise ein Kutter in Höhe des zweiten Stocks in halber Schiffslänge aus dem Mauerwerk. Innen kann man sogar in der Kapitänskajüte der »Zaca«-Yacht des Hollywoodpiraten Errol Flynn dinieren. Lutz Natusch hat eben nicht nur für delikaten Fisch ein Gespür, sondern auch für maritime Besonderheiten.

Anfahrt: Autobahn A 27, Abfahrt Bremerhaven-Fischereihafen oder Bremerhaven Wulsdorf, Richtung Fischereihafen-Mitte.

Fischereihafen-Restaurant Natusch
Am Fischbahnhof 1, 27572 Bremerhaven
Tel: 04 71 / 7 10 21, Fax: 04 71 / 7 50 08
Öffnungszeiten: täglich außer Mo 11.45–15.00 Uhr und 17.30–22.00 Uhr

Filet vom Lachs in Salzkruste

Zutaten:

Lachsfilet
900 g Lachsfilet
2800 g grobes Meersalz
4 Eiweiß
2 Zitronen
2 Kopf Salat z. B. Römer, Wirsing- oder Chinakohl
weißer Pfeffer
Prise Salz

Fischfond
500 g Fischgräten (Schellfisch, Dorsch, Lachs)
1 Stange Porree
1/2 Knolle Sellerie
2 Möhrchen
25 g Petersilienstiele
4 cl Zitronensaft
0,3 l Weißwein
1 Knolle Fenchel
1 Liter Wasser
4 Pfefferkörner
1 Messerspitze Fenchelsamen
1 Lorbeerblatt
2 Knoblauchzehen
Salz
1 Teel. Senfsaat

Safransauce
1 Schalotte
50 g Butter
2 cl Weißwein
0,2 l Fischfond
1 Messerspitze Safran
0,1 l Sahne
Salz
Pfeffer aus der Mühle
Stärke

Zubereitung:

Lachsfilet unter fließendem Wasser sorgfältig abspülen und mit Küchenpapier trocknen. Das grobe Meersalz mit dem aufgeschlagenen Eiweiß mischen und die Hälfte in einer Backform verteilen. Lachs mit einer halbierten Zitrone abreiben, etwas salzen und pfeffern. Lachs in die abgebrühten Salat- oder Kohlblätter einwickeln und auf das Meersalz legen. Mit dem restlichen Meersalz bedecken. Im vorgeheizten Backofen bei 230 Grad Hitze ca. 20 bis 30 Minuten garen.

Fischgräten kräftig abspülen. In einen Topf zunächst das geputzte, klein geschnittene Gemüse hineingeben. Dann die Fischgräten hinzufügen.

Mit dem Weißwein, Wasser und Zitronensaft aufgießen. Langsam aufkochen lassen. Schaum entfernen und vorsichtig weiterkochen. Gewürze hineingeben und ziehen lassen.
Kochzeit: ca. 30 Minuten.

Schalotte fein würfeln und in Butter glasig dünsten. Mit Weißwein und Fischfond ablöschen und einkochen lassen. Safran dazugeben. Sahne mit dem Schneebesen unterschlagen. Salzen und pfeffern. Eventuell mit etwas Stärke binden.

Zu Lachs oder Lamm in Salzkruste schmecken als Beilage am besten junges Gemüse und Kartoffeln.

Zubereitung: mittel
Rezeptmenge: 4 Portionen

Einkaufsliste:

900 g Lachsfilet
2800 g grobes Meersalz
1 Schalotte
0,2 l Fischfond
1 Messerspitze Safran
500 g Fischgräten (Schellfisch, Dorsch, Lachs)
1 Stange Porree
1 Knolle Sellerie
2 Möhrchen
1 Bund Petersilie
1 Knolle Fenchel
4 Eier
2 Kopf Salat z. B. Römer, Wirsing- oder Chinakohl
3 Zitronen
Sahne
50 g Butter
Weißwein
weißer Pfeffer
Pfefferkörner
Fenchelsamen
Lorbeerblätter
Knoblauch
Senfsaat

Buchweizen-Linsen-Gemüse mit Käseschnitzel

Zutaten:

Buchweizen-Linsen
3 Frühlingszwiebeln
3 Essl. kaltgepresstes Olivenöl
20 g Butter
150 g geschälte gelbe oder rote Linsen
120 g ganze Buchweizenkörner
1 Bund gemischte Kräuter der Saison
Salz
weißer Pfeffer aus der Mühle
1 kräftiger Schuss Essig

Käseschnitzel
4 fingerdicke Scheiben mittelalter Gouda
1 Ei
Semmelbrösel
Pfeffer, Salz
Butterschmalz

Zubereitung:

Die Frühlingszwiebeln putzen und in feine Ringe schneiden. Öl und Butter in einem großen Topf erhitzen, die Zwiebeln glasig andünsten.

Die Linsen verlesen, kalt waschen und abtropfen lassen. Zusammen mit dem Buchweizen in den Topf geben und mit 1,5 l Salzwasser angießen. Zum Kochen bringen. Bei mittlerer Hitze zugedeckt garen, bis das Gemüse bissfest ist.
Kräuter abspülen, trocken tupfen und fein hacken. Unter das Gemüse heben und alles mit Pfeffer, Salz und Essig abschmecken.

Käsescheiben im gewürzten, verquirlten Ei und anschließend zweimal in den Semmelbröseln wenden. In heißem Butterschmalz von beiden Seiten knusprig braun braten.

Zubereitung: leicht
Rezeptmenge: 4 Portionen

Einkaufsliste:

150 g geschälte gelbe oder rote Linsen
120 g ganze Buchweizenkörner
3 Frühlingszwiebeln
1 Bund gemischte Kräuter der Saison
weißer Pfeffer
4 fingerdicke Scheiben mittelalter Gouda
1 Ei
Essig
kaltgepresstes Olivenöl
Semmelbrösel
Butterschmalz
Butter

Bookweten-Jan-Hinnerk

Zutaten:

125 g Bookwetenmehl
2 Eier
0,75 l Melk un Water
– half un half
1/2 Tass Koffee oder Tee
1/2 Teeläpel Solt
1/2 Teeläpel Zucker
100 g Speck
2 Essl.Öl

125 g Buchweizenmehl
2 Eier
0,75 l Milch und Wasser
– halb und halb
1/2 Tasse Kaffee oder Tee
1/2 Teel. Salz
1/2 Teel. Zucker
100 g Speck
2 Essl.Öl

Zubereitung:

Dat ganze fein verröhren, dat dor een dünnen Pannkokendeeg von ward. Twe Stünne stahen loten. Denn Speck in ganz dünne Schieben in ene Pann anbroaren laten, en ganz bäten Röövöl darto doon un in dat heete Fett de Pannkoken broaren.
De Pannkoken mööt ganz heet ätn weern – am besten mit Sirup.

Und auf Hochdeutsch:
Alle Zutaten verrühren, bis ein dünner Pfannkuchenteig daraus wird. Zwei Stunden stehen lassen. Den Speck in dünnen Scheiben in der Pfanne anbraten. Ein ganz bisschen Öl dazu und in dem heißen Fett die Pfannkuchen ausbacken.
Pfannkuchen müssen ganz heiß gegessen werden – am besten mit Sirup.

Zubereitung: leicht
Rezeptmenge: 2 Portionen

Einkaufsliste:

125 g Buchweizenmehl
2 Eier
100 g Speck
Milch
Kaffee oder Tee
Öl

Was ist Buchweizen?

Buchweizen ist kein Getreide, sondern ein Knöterichgewächs. Die kleinen Früchte ähneln Bucheckern. Die Blätter sind herzförmig, die Blüten weiß oder rosa. Im 15. Jahrhundert brachten Nomaden den Buchweizen von Zentralasien nach Europa.

Buchweizen war eines der wenigen Getreide, das auch auf dem kargen Moor- und Heideboden wuchs. Schon bald wurde er zum Grundnahrungsmittel. Die Bauern brannten die trockene Moorfläche im Frühjahr ab und säten den Buchweizen in die kalte Asche. Jeder Bauernhof hatte früher eine so genannte Grützemühle, mit der der Buchweizen geschrotet oder gemahlen wurde. Schweine und Küken bekamen Buchweizenschrot oder -grütze.

Buchweizen ist nicht nur lecker, sondern auch gesund. 100 Gramm enthalten enthalten 9,8 g Eiweiß, 72,4 g Kohlehydrate, 1,7 g Fett und 4 g Ballaststoffe. In Buchweizen ist Rutin enthalten, das den Stoffwechsel anregt und die Durchblutung fördert. Der im Handel übliche Buchweizen kommt heute vorwiegend aus Südamerika, Afrika und Kanada. Er ist meist schon geschält, denn die Schalen enthalten einen Farbstoff, der leicht zu allergischen Reaktionen führen kann. Wer ganz sicher gehen will, kann die Körner vor der Verarbeitung mit kochendem Wasser übergießen, durchrühren, mit kaltem Wasser abspülen und abtropfen lassen. Rezepte mit Buchweizen gibt es für jede Gelegenheit. Am ältesten sind wohl die Buchweizen-Pfannkuchen. Während man sie in Ostfriesland als kleine gebratene Plätzchen schätzt, gibt es im Emsland, rund um Oldenburg und in der Lüneburger Heide große Pfannkuchen.

Buchweizen ist ein Knöterichgewächs und ähnelt den Bucheckern.

Miesmuscheln nach friesischer Art

Zutaten:

3 kg Miesmuscheln
1 Bund Suppengrün
40 g Butter
2–3 Zwiebeln
10 Pfefferkörner
1 Prise Salz
0,2 l trockener Weißwein

Zubereitung:

Die Muscheln unter fließendem, kalten Wasser gründlich waschen und bürsten. Danach den Sud vorbereiten. Dazu gehört ein Topf mit dicht schließendem Deckel. Geputztes, klein geschnittenes Suppengrün, zerlassene Butter, Zwiebelringe, Pfefferkörner, Salz und Weißwein 10 bis 15 Minuten kochen. Danach die Muscheln hinzufügen und bei starker Hitze etwa 6 Minuten im geschlossenen Topf dämpfen. Die Muscheln in einer vorgewärmten Terrine servieren. Dazu isst man Schwarzbrot mit Butter.

Zubereitung: leicht
Rezeptmenge: 6 Portionen

Einkaufsliste:

3 kg Miesmuscheln
1 Bund Suppengrün
2–3 Zwiebeln
10 Pfefferkörner
40 g Butter
Weißwein

Restauranttipp:

Restaurant Goldener Adler

Das Rezept für Miesmuscheln nach friesischer Art stammt von Claus Voß, Küchenmeister im Goldenen Adler in Emden. Auf Wunsch serviert er Ihnen in der Saison diese leckere Muschelvariante. Auch sonst setzt das Haus mit seiner 150-jährigen Tradition auf das Meer. »Fisch ist unsere Stärke« lautet das Motto des gutbürgerlichen Restaurants in der Seehafenstadt. Vor dem Eingang stehen auf einer Tafel stets die speziellen Fischgerichte des Tages.

Wenn Sie noch etwas Zeit in Emden verbringen wollen, wie wäre es mit einem Besuch des »Otto Huus«? Das Schmunzelkabinett zeigt die Karriere des aus Emden stammenden Komikers Otto Waalkes.
Dat Otto Huus, Grobe Straße 1, 26721 Emden
Tel: 0 49 21 / 2 21 21

Anfahrt: Autobahn A 31 Abfahrt Emden-Ost und dann Richtung Stadtmitte. Das Restaurant liegt direkt am Rathaus.

Restaurant Goldener Adler, Neutorstraße 5, 26721 Emden
Tel: 0 49 21 / 92 73-0, Fax: 0 49 21 / 92 73-39
Öffnungszeiten: täglich 11.45–14.00 und ab 17.30 Uhr.

Den frischesten Spargel gibt es direkt beim Spargelbauern – wie hier im Braunschweiger Land.

Von der Heilpflanze zum Königsgemüse: Die Geschichte des Spargels

Spargel ist wohl eines der edelsten Gemüse. In China, Persien und Griechenland kannte man ihn schon 500 v. Chr. als Heilpflanze. Dokumente über den frühen Spargelanbau gibt es auch von den Römern. Etwa 200 v. Chr. haben Römer die ersten Tipps über den Anbau aufgeschrieben. Grüner Spargel gehörte bei allen römischen Feiern auf den Tisch. 500 Jahre später zählte Spargel zu den teuersten Delikatessen im Römischen Reich. 304 n. Chr. gab es eine Art Spargelhöchstpreisverordnung. Ob – wie vielfach behauptet – schon die Ägypter zur Zeit der Pharaonen dieses besondere Gemüse kannten, ist jedoch umstritten.

Ein Hausbuch aus dem Mittelalter empfahl folgende Methode der Spargelernte: »Man sammle vorzugsweise diejenigen Spargelstangen, deren Köpfe sich zur Erde neigen.« Damals glaubte man auch, Spargel »verstärkt das Streben nach Liebesgenuss« und rege den Fluss der Körpersäfte an. Erst im 16. Jahrhundert hielt das »Königsgemüse« Einzug in die Küchen des deutschen Fürstenstandes. Im eigenen Garten gezogen wurde er nur ausgewählten Gästen serviert.

Spargel für jedermann gibt es erst etwa seit Mitte des 18. Jahrhunderts. Die damalige Metropole Ulm produzierte Spargel für alle Gourmets zwischen Nordsee und Alpen. Um diese Zeit etwa machte man die Entdeckung, dass die Spargelköpfe weiß bleiben, wenn die Spitzen beim Austreiben vor Licht geschützt sind. Erdwälle, wie es sie heute gibt, kannte man damals noch nicht. Stattdessen wurden die sonderbarsten Konstruktionen entwickelt. Ausgehöhlte Holunderrohre, Tonröhren, Flaschen und Hauben wurden über die Pflanzen gestülpt. Zu Beginn des 19. Jahrhunderts trat der »bleiche« Spargel dann seinen Siegeszug an. Allmählich gingen viele Bauern dazu über, kleine Erdhügel über den Pflanzen aufzuschütten und bereits 1852 kam in Braunschweig der erste Spargel in die Dose.

Von Mitte April bis zum Johannistag am 24. Juni darf gestochen werden. Im Gegensatz zu Frankreich und Italien bevorzugt man in Deutschland den weißen Spargel, dessen Köpfe sich noch nicht durch Licht violett gefärbt haben.

Aber unabhängig von der Farbe – noch im 18. Jahrhundert musste sich eine Frau davor hüten, allzu viel Spargel zu essen. Denn ein reichlicher Konsum galt damals als untrügliches Zeichen einer Schwangerschaft.

Spargeltorte

Zutaten:

300 g Blätterteig
500 g Spargel
200 g gekochter Schinken
4 Eigelb
0,25 l Sahne
weißer Pfeffer
Salz
200 g geriebener Gouda

Zubereitung:

Eine gefettete Springform mit Blätterteig auslegen. Gegarten, in Stücke geschnittenen Spargel hineinlegen. Gewürfelten Schinken darüber streuen.
Eigelb, Sahne, Pfeffer und Salz verquirlen und darüber gießen. Geriebenen Gouda auf der Masse verteilen. Bei 225 Grad etwa 20 Minuten im vorgeheizten Backofen backen.

Zubereitung: leicht
Rezeptmenge: 4 Portionen

Einkaufsliste:

300 g Blätterteig
500 g Spargel
200 g gekochter Schinken
4 Eier
0,25 l Sahne
200 g geriebener Gouda

Spargelflan

Zutaten:

250 g Spargel
4 Eier
0,1 l Milch
Salz
Pfeffer
Muskatnuss, gemahlen
etwas Zucker
Saft einer halben Zitrone

Zubereitung:

Den Spargel schälen und in Salzwasser bissfest kochen. Den Spargel herausnehmen. 1 oder 2 Stangen abkühlen lassen und in Scheiben schneiden. Von den anderen Stangen die Köpfe abschneiden.
Rest in ein wenig Spargelwasser pürieren.
Die Eier zum leicht abgekühlten Püree dazugeben. Mit den Gewürzen und Zitronensaft abschmecken. Bei Bedarf etwas Milch hinzugeben.
Kleine Förmchen mit Butter auspinseln und mit Spargelröllchen auslegen. Die Masse vorsichtig hineingeben. Zum Schluss die Spargelköpfe dazutun. Im Wasserbad bei 100 Grad pochieren.
Nach 30 Minuten herausnehmen. Den Flan aus den Förmchen stürzen und warm servieren.
Passt ideal zu jedem Fisch oder Fleisch als Gemüsebeilage.

Zubereitung: leicht
Rezeptmenge: 4 Portionen

Einkaufsliste:

250 g Spargel
4 Eier
1 Zitrone
Milch
Muskatnuss, gemahlen

Glacierter Rhabarber mit Waldmeisterschaum

Zutaten:

Waldmeisterwein
3 Handvoll Waldmeister
1 Flasche trockener Weißwein

Rhabarber
500 g Rhabarber
50 g Butter
Zucker
Orangensaft

Waldmeisterschaum
6 Eigelb
200 g Zucker
0,25 l Waldmeisterwein
Schokoladensauce

Zubereitung:

Drei Handvoll Waldmeister waschen, etwas welk werden lassen und mit einer Flasche trockenem Weißwein übergießen. Zugedeckt etwa 3 Stunden an einem kühlen Ort ziehen lassen.

Rhabarber waschen, abziehen und in 3 cm breite Stücke schneiden. Butter im Topf erhitzen, den Rhabarber hinzufügen und anschwitzen. Zucker und etwas Orangensaft nach Geschmack dazugeben und schmoren bis der Rhabarber weich wird. Mit der Schaumkelle die Rhabarberstücke herausnehmen und den entstandenen Saft einkochen bis er karamellisiert. Damit den Rhabarber glacieren.

Die Eigelb mit dem Zucker cremig rühren und die Schale in einen Topf mit kochendem Wasser setzen. Den Waldmeisterwein langsam dazu gießen und mit dem Schneebesen kräftig aufschlagen bis die Creme schaumig wird und etwa das doppelte Volumen hat. Der Waldmeisterschaum soll schaumig vom Löffel fallen. Auf großen Tellern anrichten und mit Schokoladensauce oder Himbeermus verzieren. Darauf den glacierten Rhabarber anrichten und servieren.

Zubereitung: mittel
Rezeptmenge: 4 Portionen

Einkaufsliste:

500 g Rhabarber
3 Handvoll Waldmeister
1 Flasche trockener Weißwein
6 Eier
200 g Zucker
50 g Butter
Schokoladensauce
Orangensaft

Quarktorte

Zutaten:

Boden und Streusel
250 g Mehl
125 g Zucker
1 Eigelb
125 g Butter
1/2 Päckchen Backpulver
1 Päckchen Vanillezucker

Füllung
6–7 Eiweiß
125 g Butter
250 g Zucker
1 Päckchen Vanillezucker
6–7 Eigelb
1 kg Schichtkäse
2 Essl. Grieß
Saft einer Zitrone
125 g Sahne

Zubereitung:

Alles gut durchkneten, bis die Streusel entstehen.

Schichtkäse über Nacht in einem Sieb ablaufen lassen. Die Eiweiße zu steifem Schnee schlagen. Alle anderen Zutaten gut durcharbeiten. Zum Schluss den Eischnee unterrühren. Die Hälfte der Streusel in einer Springform als Boden verwenden. Füllung einfüllen. Restliche Streusel verteilen. Bei 150 Grad 60 bis 70 Minuten backen.

Zubereitung: sehr leicht
Rezeptmenge: 12 Stück Torte

Einkaufsliste:

1 kg Schichtkäse
250 g Mehl
375 g Zucker
7–8 Eier
250 g Butter
1 Päckchen Backpulver
2 Päckchen Vanillezucker
1 Zitrone
125 g Sahne
Grieß

Erdbeer-Parfait mit Rhabarberschaum

Zutaten:

Parfait
3 Eier
4 Eigelb
250 g Zucker
500 g Erdbeeren
1 l geschlagene Sahne

Sauce
400 g Rhabarber
2 Eier
2 Eigelb
150 g Zucker

Zubereitung:

Eier, Eigelb und Zucker im kochenden Wasserbad aufschlagen, bis die Masse sämig ist. Erdbeeren putzen, waschen und pürieren. Ein paar Erdbeeren für die Dekoration zurückbehalten und in Stücke schneiden. Das Püree zu der Eimasse geben und im Eiswasser in der Schale kaltschlagen. Die geschlagene Sahne unterheben und in einer Form mindestens 6 Stunden tieffrieren.

Den Rhabarber waschen, putzen und in Stücke schneiden. In kochendem Zuckerwasser garziehen, herausnehmen und ebenfalls pürieren. Eier, Eigelb und Rhabarberpüree im kochenden Wasserbad aufschlagen und warm zum Parfait geben.

Zubereitung: mittel
Rezeptmenge: 10 Portionen

Einkaufsliste:

500 g Erdbeeren
11 Eier
400 g Zucker
400 g Rhabarber
1 l Sahne

Sommer

»Mit dem Curry kam die Leidenschaft«

Wie wird ein Bankkaufmann zum Gewürzexperten? »Mit dem Curry kam die Leidenschaft«, sagt Friedrich Dahl aus Stade zu seinem Hobby. Vor mehr als 30 Jahren wettete er mit einem Koch, wer das schärfste Curry essen könne. Topp, die Wette galt. Es wurde aufgetischt, gewürzt, gegessen und wieder nachgewürzt … »Es kam zum Patt, aber die Neugier war geweckt«, erinnert sich Friedrich Dahl schmunzelnd. Aus dem scharfen Esser wurde ein exzellenter Gewürzkenner. Inzwischen hat er rund 800 Gewürze und Gewürzmischungen aus aller Welt gesammelt.

Friedrich Dahl aus Stade sammelt seit mehr als 30 Jahren Gewürze.

Und alles begann damit, dass er ein Hotel leiten sollte. »Unsere Bank hatte aus einem Konkurs ein Hotel erworben. Weil eine Bank aber nicht unternehmerisch tätig werden durfte, bekamen meine Frau und ich den Auftrag, eine GmbH zu gründen. Drei Jahre wurde ich von den Bankgeschäften freigestellt und leitete das Hotel.« Natürlich half Friedrich Dahl auch mal in der Küche aus und kam mit dem Koch ins Gespräch. Nach dem legendären Wettessen beschäftigte er sich dann intensiver mit den verschiedenen Gewürzen. »Aber inzwischen ist es schwierig, überhaupt noch etwas Neues zu finden.« Allein mehr als 20 Sorten Pfeffer stehen in der Küche. Von Cayennepfeffer über Szechuan-Pfeffer aus China bis zu Muntok-Pfeffer aus Sumatra hat er alles da. »Den Nachschub lagere ich im Keller«, erklärt er. Denn ständig bringen Freunde aus ihrem Urlaub exotische Zutaten mit.

Stolz ist er auf seine letzte Neuerwerbung – Harissa, eine Gewürzmischung mit Piri-Piri aus Tunesien. Die Herkunft der Gewürze ist wichtig. Friedrich Dahl unterscheidet ganz klar zwischen Oregano aus Süd- und Norditalien oder der Dominikanischen Republik. Auch Zimt schmeckt und riecht anders, wenn er aus Sri Lanka, Indonesien oder China kommt. Zehn Sorten Safran gibt es in seiner Sammlung. Nur auf den österreichischen Safran hat er bisher verzichtet: »Den ziehen Mönche aus einer Krokussart. Der ist dann handgezupft und sündhaft teuer.«
Die Vorliebe für scharfe Sachen erlahmt nicht und auch der Gaumen macht noch mit. Zur Zeit recherchiert Dahl gerade die Zutaten von »Gunpowder«, einem Grillgewürz aus Texas. »Das riecht nicht nur so, sondern schmeckt auch wie Schießpulver«, amüsiert sich Dahl. Herauszufinden, was alles drin ist – »das ist eine spannende Sache«.
Mit anderen exotischen Zutaten konnte er sogar im Hamburger Gewürzmuseum Eindruck schinden. Dahl besitzt Tonkabohnen: »Die riechen stark nach Waldmeister und wurden auch früher zur Herstellung von Waldmeisteressenzen eingesetzt. Aber in Deutschland sind sie inzwischen verboten, weil sie krebserregend sind und die Blutgerinnung hemmen können.« Also blieb es beim Anschauungsunterricht und Dahl zeigte dem Museumsdirektor ein Exemplar, weil dieser bis dahin noch keine Tonkabohne gesehen hatte.

Wenn er beim Lesen von Rezepten oder in der Fachliteratur auf Neues stößt, versucht Dahl, es über die Apotheke oder Gewürzhändler zu bestellen. Aber er sammelt nicht nur, er kocht auch gern. Ehefrau Ingeborg besitzt inzwischen eine stattliche Sammlung von 700 Kochbüchern. Die Küchen bleiben strikt getrennt: »Sie kocht europäisch und ich alles Exotische.« Noch in diesem Sommer sollen in Keks eingebackene Blüten der Schilfrohrkolben ausprobiert werden – ein Rezept der Maori aus Neuseeland. »Allein das Lesen der Rezepte macht Spaß, wenn man den Geschmack in Gedanken auf der Zunge hat.« Dahls Kinder spötteln bereits: »Wenn ihr das alles kochen wollt, müsst Ihr 1000 Jahre alt werden.« Ingeborg und Friedrich Dahl sind sich einig: »Wir haben ein schönes Hobby.« Und es muss auch gar nicht immer exotisch sein, oder besonders üppig. Nein, ein Lieblingsrezept von Ehepaar Dahl stammt aus der Nachkriegszeit – die falsche Leberwurst.

Ingeborg Dahl besitzt inzwischen mehr als 700 Kochbücher aus aller Welt.

Falsche Leberwurst

Zutaten:

3 Zwiebeln
50 g Öl
2 Essl. Mehl
0,25 l Wasser
1/2 Würfel Hefe

Salz
Pfeffer
Bohnenkraut oder Majoran

Zubereitung:

Zwiebeln würfeln und im Öl glasig andünsten.

Mit Mehl anschwitzen und mit Wasser auffüllen, bis ein dickflüssiger Brei entsteht. Hefe dazugeben.

Mit Salz, Pfeffer und Bohnenkraut oder Majoran abschmecken. Unter starkem Rühren aufkochen. Fertig ist ein vegetarischer Brotaufstrich, der sehr lecker nach Leberwurst schmeckt.

Zubereitung: leicht

Einkaufsliste:

3 Zwiebeln
1 Würfel Hefe
Bohnenkraut oder Majoran
Mehl
50 g Öl

Hier in Stade haben Ingeborg und Friedrich Dahl ihre Liebe zu den Gewürzen aus aller Welt entdeckt.

Kalte Gurkensuppe

Zutaten:

2 Gurken (750 g)
2 Zwiebeln
3 Essl. Butter
3 Essl. Mehl

1 l Hühnerbrühe
Salz
Pfeffer

0,1 ml Sahne
Schnittlauch

Zubereitung:

Gurken schälen, entkernen und würfeln. Zwiebeln klein schneiden. In Butter dünsten, bis sie gar sind. Mehl darunter mischen.

Die Brühe langsam unter Rühren dazugeben und aufkochen, bis die Suppe dick wird. Salzen und pfeffern. Auf kleiner Flamme etwa 10 Minuten köcheln und ab und zu umrühren.
Kalte Suppe im Mixer pürieren.

Eventuell mit einem Sahneklecks und gehacktem Schnittlauch dekorieren und kalt servieren.

Zubereitung: mittel
Rezeptmenge: 6 Portionen

Einkaufsliste:

2 Salatzwiebeln
2 Gurken (750 g)
1 l Hühnerbrühe
Sahne
1 Bund Schnittlauch

Orangen-Ziegenfrischkäse mit Honig

Zutaten:

220 g Ziegenfrischkäse
110 g Magerquark
Saft und geriebene Schale von 2 unbehandelten Orangen
2 Essl. Pinienhonig (oder eine andere Sorte)
50 g Pinienkerne (ersatzweise Sonnenblumenkerne)
bunte Blattsalate
8 Scheiben geschälte Orange
Salz
Pfeffer aus der Mühle

Zubereitung:

Käse und Quark glatt rühren. Orangensaft mit der geriebenen Schale zu einem Sirup einkochen. Auskühlen lassen.

Pinienkerne rösten, klein hacken und mit dem Honig verrühren. Den Orangen-Sirup unter den Käse-Quark heben und mit Salz und Pfeffer abschmecken.

Auf jeden Teller zwei Kugeln Käse mit dem Eisausstecher auf jeweils eine Orangenscheibe setzen. Mit Honig garnieren und mit den bunten Blattsalaten anrichten. Dressing nach Wahl.

Zubereitung: leicht
Rezeptmenge: 4 Portionen

Einkaufsliste:

220 g Ziegenfrischkäse
110 g Magerquark
3 unbehandelte Orangen
Pinienhonig (oder eine andere Sorte)
50 g Pinienkerne (ersatzweise Sonnenblumenkerne)
bunte Blattsalate

Restauranttipp:

Pier 51

Diese sommerlich leichte Vorspeise servieren Ihnen die Brüder Frank und Sven Ochotta im Pier 51. Fragen Sie bei der Tischreservierung, ob der Orangen-Ziegenfrischkäse auf der Karte steht, denn Küchenchef Sven Ochotta liebt die Abwechslung und entwirft alle drei bis vier Wochen eine neue Karte: mit regionaler, saisonaler Küche über Klassiker und euroasiatische Spezialitäten. Die Brüder wollen sich ungern festlegen. Nur dass Ihre Maschsee-Terrasse mit 90 Plätzen einen der schönsten Ausblicke Hannovers garantiert, das steht für sie fest. Der moderne Bau direkt am Wasser ist allein schon einen Besuch wert. Ein Tipp für alle, die gern verschiedene Leckereien probieren: Alle Hauptgerichte gibt es auch als halbe Portion.

Anfahrt: Hannover City Richtung Maschsee.

Pier 51, Rudolf-von-Bennigsen-Ufer 51, 30173 Hannover
Tel: 05 11 / 8 07 18 00, Fax 05 11 / 80 71 80 19
Täglich (außer 24. 12. und 1.1.) ab 12.00 Uhr geöffnet.
Küche von 12.00–14.30 Uhr und 18.30–22.30 Uhr.

Fangfrisch im Hafen: So schmecken Krabben am besten.

Krabben-Frikadellen

Zutaten:

2 alte Brötchen
250 g gepulte Nordseekrabben
125 g Fischfilet
(z. B. Rotbarsch)
60 g frischen Speck
1 Zwiebel

1 Ei
Salz
Pfeffer
4 Essl. Semmelbrösel
Öl

Zubereitung:

Brötchen 15 Minuten einweichen und ausdrücken.
Krabben, zerkleinerten Fisch, Speck und Zwiebel durch den Wolf drehen oder mit der Küchenmaschine zerkleinern.

Mit dem zerpflückten Brötchen, Ei, Salz und Pfeffer mischen. Zu sechs bis acht Frikadellen formen. In Semmelbröseln wenden und im heißen Öl auf jeder Seite 6 bis 8 Minuten braten.

Dazu passt frisches Weißbrot oder Salzkartoffeln und Kräutersauce.

Zubereitung: leicht bis mittelschwer
Rezeptmenge: 3 Portionen

Einkaufsliste:

2 alte Brötchen
250 g gepulte Nordseekrabben
125 g Fischfilet (z. B. Rotbarsch)
60 g frischer Speck
1 Zwiebel
1 Ei
Semmelbrösel

Kabeljausalat mit Spinat und warmer Senfsauce

Zutaten:

1 Kohlrabi
6 Essl. Öl
Salz
Schwarzer Pfeffer aus der Mühle
1 Teel. Zucker
4 Essl. Weißweinessig

0,4 l Fischfond aus dem Glas
600 g Kabeljau vom Kopfstück
Salz

250 g Blattspinat

Sauce
3 Essl. Weißweinessig
Salz
Pfeffer
Öl
4 Champignons rosé
8 Cocktailtomaten

Sauce
3 Eigelb
1 Teel. süßer bayerischer Senf
2 Teel. körniger Senf
125 ml Sahne
50 ml Weißwein

1 unbehandelte Limette

Zubereitung:

Kohlrabi schälen. Erst in sehr dünne Scheiben und dann in etwa 5 Millimeter breite Streifen schneiden. In 2 Essl. Öl 5 Minuten bei schwacher Hitze zugedeckt dünsten. Mit Salz, Pfeffer, Zucker und Weißweinessig würzen. Offen bei starker Hitze 1 Minute aufkochen. Beiseite stellen.

Den Fischfond mit 0,6 l Wasser aufkochen und mit Salz würzen. Den Kabeljau in den Fond geben und 7 Minuten zugedeckt auf der ausgeschalteten Elektroherdplatte ziehen lassen. Aus dem Fond nehmen und etwas abkühlen lassen. Haut und Gräten entfernen und den Fisch wie gewachsen zerteilen und leicht salzen.

Den Spinat verlesen, grobe Stiele abbrechen. Die Blätter gründlich waschen und trocken schleudern.

Weißweinessig, Salz, Pfeffer und restliches Öl zu einer Vinaigrette verquirlen. Den rohen Spinat darin wenden und mit Kohlrabi und dem Fisch anrichten.

Mit den in Scheiben geschnittenen Champignons und den geviertelten Tomaten dekorieren.

Für die Sauce Eigelb, beide Senfsorten, Sahne und Weißwein in einem Topf unter ständigem Schlagen mit dem Schneebesen langsam erhitzen, bis die Sauce dicklich wird (nicht kochen lassen). Die Sauce löffelweise über den Salat verteilen.

Die Limettenschale frisch über den Salat reiben.

Zubereitung: mittel
Rezeptmenge: 4 Portionen

Einkaufsliste:

1 Kohlrabi
4 Champignons rosé
8 Cocktailtomaten
1 unbehandelte Limette
0,4 l Fischfond aus dem Glas
600 g Kabeljau vom Kopfstück
250 g Blattspinat
3 Eier
125 ml Sahne
süßer bayerischer Senf
körniger Senf
Weißwein
Weißweinessig

Hähnchen mit Sauerampfer

Zutaten:

1 küchenfertiges Brathähnchen (etwa 1,5 kg)
Salz
schwarzer Pfeffer aus der Mühle
200 g Sauerampfer
50 g Butter
Salz
Pfeffer
0,25 l herber Apfelsaft oder Cidre
1 Eigelb
200 g Crème fraîche

Zubereitung:

Hähnchen innen und außen gründlich waschen, trocken tupfen und in Portionsstückchen zerteilen. Salzen und pfeffern.

Sauerampferblätter von den Stielen zupfen, waschen, trocken tupfen und fein hacken. Butter in einem Schmortopf erhitzen. Hähnchenteile darin bei starker Hitze goldgelb anbraten. Sauerampferblätter in den Topf geben. Einige Blätter als Garnitur zurückbehalten. Hitze reduzieren. Ein paar Minuten schmoren lassen. Mit Salz und Pfeffer abschmecken.
Apfelsaft oder Cidre angießen. Topf zudecken und alles etwa 45 Minuten bei schwacher Hitze gar schmoren lassen. Hähnchenteile abtropfen lassen. Auf einer Platte warm stellen. Eigelb und Crème fraîche verquirlen. Einige Esslöffel Kochflüssigkeit dazugießen. Gut umrühren. Die Mischung in den Topf gießen, bei schwacher Hitze erwärmen, nicht mehr kochen lassen. Mit dem Schneebesen verrühren. Etwas Sauce über die Hähnchenteile gießen, den Rest in der Saucenschüssel servieren. Nach Belieben mit frischem Sauerampfer garnieren. Als Beilage eignet sich Reis.

Zubereitung: mittel
Rezeptmenge: 4 Portionen

Einkaufsliste:

1 küchenfertiges Brathähnchen (etwa 1,5 kg)
200 g Sauerampfer
0,25 l herber Apfelsaft oder Cidre
1 Ei
200 g Crème fraîche
50 g Butter

Tipp:

Garen Sie Gerichte mit Sauerampfer niemals in Aluminiumtöpfen. Die in den Blättern enthaltene Säure greift Aluminium an und es bilden sich giftige Stoffe.

Vergessene Gemüse sind wieder im Trend

Auf der Suche nach immer neuen Genüssen hat die Gourmetküche viele alte und fast vergessene Gemüse wieder entdeckt.
Der Sauerampfer ist eines davon. Er wächst auf Wiesen, Weiden und am Wegesrand. Von April bis November kann man Sauerampfer finden. Sein Geschmack ist unverwechselbar säuerlich – wie der Name schon sagt. Ein paar Blätter in den Salat und man benötigt weniger Essig.
Egal wie groß oder klein die Pflanze ist – die Blätter bleiben zart. Als Gemüse sollte man ihn allerdings mit anderen Sorten mischen, weil der Geschmack sonst zu intensiv wird. Aber für Suppe, Omelette, Sauce oder Püree ist er wunderbar. So kann man mit Sauerampfer eine erfrischende Limonade herstellen, indem man die rohen Blätter in Zuckerwasser oder in mit Honig gesüßtem Wasser ziehen lässt. Wegen seines hohen Gehalts an Oxal- und anderen organischen Säuren sollte man Sauerampfer aber nur in Maßen genießen, denn Oxalsäure kann im Körper Reizungen hervorrufen. Schon die Römer schwörten auf die verdauungsfördernde Wirkung des Sauerampfers nach üppigen Mahlzeiten.
Die Petersilienwurzel ist ebenfalls wieder im Trend (Rezept siehe Seite 107). Die Pflanze, die auch Steinsellerie genannt wird, wächst wild von Spanien bis Griechenland, aber auch in Nordafrika. Das weiße Fleisch eignet sich gut für Pürees. Klaren Suppen verleiht die aromatische Petersilienwurzel die richtige Würze.
Die Petersilienwurzel ist sehr leicht mit der Pastinake zu verwechseln. Diese findet man inzwischen sogar in der Babykost wieder. Pastinake ist besonders vielfältig zu gebrauchen. Die jungen Triebe eignen sich als Suppengemüse und die Blütendolden kann man ausbacken oder für Limonaden verwenden. Die Wurzel mit ihrem leicht süßlichen Geschmack nimmt man für Pürees und Eintöpfe. Blätter und Stängel schmecken eher scharf und aromatisch. Die weißfleischige, von außen eher gelblich-bräunliche Pastinake gehörte bereits im 16. Jahrhundert zu den Standardgemüsen in europäischen Gärten. Mit dem Aufkommen der Karotte geriet sie in Deutschland jedoch in Vergessenheit. Wegen ihres Zuckergehaltes braute man in Irland Bier aus Pastinaken. In England servierte man sogar Pastinakenwein.
Für jeden Hobby-Gärtner ein Fluch ist Giersch oder auch Geißfuß genannt. Mit seinen Kriechwurzeln ist er ein gefürchtetes Gartenunkraut aber eben auch ein leckeres Gemüse. Rat einer Kräuterexpertin: »Der beste Umgang mit seinen Feinden: Man isst sie auf!« Während junge Triebe feinherb und fast süßlich schmecken, erinnern ältere Blätter eher an Petersilie und können diese auch ersetzen. Für Kuchen, Saucen, Salate oder als Würze ist Giersch zu gebrauchen.

Die klaren Bäche des Harzes sind ein idealer Lebensraum für Bachforellen.

Wie frisch ist der Fisch?

Fische im Sonderangebot? »Dann kann es sich nicht um eine deutsche Edelforelle handeln«, warnt Fischzuchtmeister Ulrich Moeller aus Wilkenburg allzu preisbewusste Genießer. In Deutschland herrschen strenge Richtlinien für die Forellenzucht. Keine Antibiotika, keine Hormone, keine wachstumsfördernden Mittel und keine Chemikalien bei der Aufzucht – nur dann darf der Fisch als deutsche Edelforelle verkauft werden.

Doch ein Großteil der in Supermärkten und Kaufhäusern angebotenen Tiere stammt aus Frankreich, Spanien, Italien oder Polen. In Deutschland darf inzwischen nur noch mit Fischmehl aus der Lebensmittelproduktion gefüttert werden. In anderen Ländern sind die Richtlinien noch nicht so streng.

Wer sicher gehen will, dass der Fisch nicht mit Kadavertiermehl gefüttert wurde, sollte beim Kauf darauf achten, ob der Fisch noch Kiemen besitzt. »Nur deutsche Fische werden mit Kiemen verkauft«, erklärt Moeller. »In anderen Ländern gelten die Kiemen als Innereien und werden entfernt.« Die Frische des Fisches kann man ebenfalls an den Kiemen erkennen. Moeller: »Die Kiemen müssen rot sein, die Augen klar. Wenn die Haut glänzt und die Schleimhaut fest auf den Schuppen sitzt, dann ist der Fisch frisch.« Grundsätzlich gilt: »Riecht der Fisch nach Fisch, gehört er nicht mehr auf den Teller.« Am besten kauft man noch lebende Tiere oder frisch gefangen beim nächsten Fischzüchter. Wer beim Händler kauft, sollte sich nach der Herkunft der Tiere erkundigen. Bei Angeboten im Supermarkt lässt sich die Herkunft oft nicht ermitteln. Aber auch unter Züchtern gibt es schwarze Schafe. »Einige kaufen Fische in Dänemark und halten sie bis zum Verkauf im Wasser«, warnt Moeller. Tiere aus dieser »Fischbadewanne« dürfen allerdings nicht als deutsche Edelforelle verkauft werden. Also den Züchter fragen. Heimisch ist in unserer Region nur die Bachforelle, die ebenfalls von Züchtern angeboten wird. 90 Prozent der verkauften Forellen sind jedoch inzwischen Regenbogenforellen. 1899 brachte sie Max von Linné aus den USA nach Deutschland. Regenbogenforellen, die mindestens sechs Monate im Salzwasser gelebt haben, mit Garnelenschalen gefüttert wurden und mindestens 1,5 Kilogramm wiegen, heißen Lachsforellen. Ihr Fleisch ist rot und fetthaltiger und hat ein leicht nussartiges Aroma.

Eine delikate Alternative zur Forelle ist der Bachsaibling, der ursprünglich aus dem Elsass kommt. Dieser Fisch gehört zu den Lachsartigen, wiegt 250 bis 1000 Gramm und hat rosa Fleisch. Das kommt von den Krebsen, von denen sich Bachsaiblinge ernähren. »Aber auch Fischliebhaber wissen, was schmeckt«, sagt Moeller, »wegen der großen Nachfrage sind Bachsaiblinge daher schwer zu bekommen.«

Wenn Sie mehr Informationen oder gleich frischen Fisch brauchen:
Forellenzucht Wilkenburg, Alte Dorfstr. 33, 30966 Hemmingen-Wilkenburg, Tel: 05 11 / 41 49 52, Fax: 05 11 / 41 11 54, Öffnungszeiten: Di–Fr 10.00–18.00 Uhr, Sa 9.00–14.00 Uhr.

Saure Harzer Bachforelle

Zutaten:

Sud
0,25 l Essig
2 Essl. Salz
2 Teel. Zucker
2 Essl. Zitronensaft
25 weiße Pfefferkörner
4 Lorbeerblätter
6 Essl. Senfkörner
6 Nelken
12 Wacholderbeeren
4–5 große Zwiebeln in Scheiben

8 Forellen (je ca. 350 g)
8 Essl. Zitronensaft
Salz, Pfeffer
Mehl
Butter

2–3 Essl. Öl

Zubereitung:

Alle Zutaten mit 0,5 l Wasser aufkochen und erkalten lassen.

Forellen mit Zitronensaft säuern, salzen und etwas pfeffern. Im Mehl wenden. In reichlich Butter goldbraun braten (10 bis 15 Minuten). Die Forellen abtropfen lassen und in eine Form legen.

Den Sud mit etwas Öl verrühren und darüber gießen. Drei bis vier Tage ziehen lassen.
Zu den eingelegten Forellen sind Bratkartoffeln aus rohen Kartoffeln besonders lecker.

Zubereitung: leicht
Rezeptmenge: 8 Portionen

Einkaufsliste:

8 Forellen (je ca. 350 g)
4–5 große Zwiebeln
Mehl
Butter
Öl
Essig
3 Zitronen
Senfkörner
weiße Pfefferkörner
Lorbeerblätter
Nelken
Wacholderbeeren

Frische Lachsforelle im Gemüsebett

Zutaten:

1 frische küchenfertige Lachsforelle
Bund frischer Kräuter wie Petersilie, Schnittlauch, Kresse etc.
Salz
2 Zwiebeln
2–3 Tomaten
1 kleine Zucchini
2 Möhren
0,2 l Weißwein
0,4 l Sahne

Zubereitung:

Forelle waschen und trocken tupfen. Mit den gewaschenen, gehackten Kräutern und Salz einreiben.

Gemüse putzen und klein schneiden. Kurz in Butter andünsten. Forelle in einen Bräter legen.

Mit 0,2 l Weißwein und 0,4 l Sahne angießen. Gemüse auf der Forelle verteilen.

Bei 200 Grad etwa 40 Minuten zugedeckt im Backofen garen. Salzkartoffeln oder Weißbrot sind eine gute Beilage.

Zubereitung: einfach
Rezeptmenge: 2 Portionen

Einkaufsliste:

1 frische küchenfertige Lachsforelle
1 Bund frische Kräuter wie Petersilie, Schnittlauch, Kresse etc.
2 Zwiebeln
2–3 Tomaten
1 kleine Zucchini
2 Möhren
0,2 l Weißwein
0,4 l Sahne

Restauranttipp:

Forellenstübchen

Lust auf Fisch, aber nicht auf die Küche? Das Forellenstübchen kocht auf Vorbestellung die frische Lachsforelle im Gemüsebett gern für Sie. Das rustikale Blockhaus ist von Wiesen und Wäldern umgeben. Eine ideale Gegend für ausgedehnte Radtouren.

Anfahrt: Autobahn 7 bis Mellendorf, Landstraße nach Hellendorf.

Forellenstübchen
Meitzer Straße 15, 30900 Wedemark-Hellendorf
Tel. und Fax: 0 51 30 / 4 09 05
Öffnungszeiten: Di–Fr 18.00–23.00 Uhr,
Sa 17.00–23.00 Uhr, So 12.00–23.00 Uhr, Mo Ruhetag.

Tipp: Wer will, kann ab Hannover auch mit dem Rad anreisen. Mit der S-Bahn (das Fahrrad kommt mit) bis Mellendorf fahren.

Direkt an der Haltestelle ist Hellendorf ausgeschildert. Ein Fahrradweg entlang der Landstraße führt in zehn Minuten bis zum Forellenstübchen.
Fahrzeit: 10 Minuten

Gratinierter Angelschellfisch auf Blattspinat in karamellisierter Pilsener Sauce

Zutaten:

800 g Schellfischfilet
1 Zitrone
Salz
Pfeffer

Butter
2 Essl. grober Dijon Senf
1 Teel. Zucker
4 Scheiben Toast
20–40 g Butter

20–50 g Zucker
15 ml Fischfond
0,1 l herbes Bier
3 Essl. Schnittlauch
2 Essl. geschlagene Sahne

1 Schalotte
1 Essl. Butter
240 g blanchierter Blattspinat
Salz
Pfeffer
Muskatnuss

Tomatenwürfel
Kerbelblätter

Zubereitung:

Schellfischfilet in vier gleich große Stücke schneiden. In Salz, Pfeffer und Saft einer Zitrone marinieren.

Eine feuerfeste flache Auflaufform mit Butter ausstreichen.
Die Filets roh hineinlegen und mit grobem Dijon Senf dünn bestreichen. Vier Scheiben Toast ohne Rinde zwischen den Handflächen verreiben und mit einem Teelöffel Zucker darüber streuen. Butter erwärmen, über den Fisch verteilen und dann ca. 8 Minuten bei 200 Grad im Ofen überbacken.
Zucker karamellisieren lassen, mit Fischfond und herbem Bier auffüllen und einkochen. Schnittlauch und geschlagene Sahne unter die Sauce geben.

Schalotte würfeln und in Butter anschwitzen, blanchierten Blattspinat dazugeben und heiß werden lassen. Dann mit Salz, Pfeffer und Muskatnuss abschmecken.
Den Blattspinat auf einen Teller geben, überbackene Schellfischstücke auflegen und mit der Pilsener-Sauce überziehen.

Zum Schluss mit Tomatenfleischwürfeln und Kerbelblättern garnieren. Als Beilage werden Salzkartoffeln gereicht.

Zubereitung: mittel
Rezeptmenge: 4 Portionen

Fischerboote im Hafen von Norddeich.

Einkaufsliste:

800 g Schellfischfilet
1 Zitrone
4 Scheiben Toast
15 ml Fischfond
1 Flasche herbes Bier
1 Schalotte
240 g blanchierten Blattspinat
1–2 Tomaten
1 Bund Schnittlauch
Muskatnuss
grober Dijon Senf
Kerbelblätter
Butter
Sahne

Früher ein billiger Speisefisch: Hering.

Pikanter Heringsauflauf

Zutaten:

4 küchenfertige Salzheringe

750 g festkochende Kartoffeln
1 kleine Zwiebel
Fett für die Form
0,5 l Milch
3–4 Eier
1 Teel. Salz
1/2 Teel. weißer Pfeffer
1 Essl. Mehl
150 g durchwachsener Speck
1 Essl. Semmelbrösel

Zubereitung:

Salzheringe über Nacht wässern. Danach Hauptgräte von den Heringen entfernen. Filets mit kaltem Wasser abspülen und in fingerbreite Stücke schneiden.
Die geschälten, gewaschenen Kartoffeln in Scheiben schneiden. Zwiebel klein schneiden. Eine feuerfeste Form einfetten. Abwechselnd Kartoffelscheiben, Zwiebelwürfel und Heringsstücke in der Form schichten. Mit einer Lage Kartoffelscheiben enden.
Milch, Eier, Salz, Pfeffer und Mehl verquirlen und über den Auflauf gießen. Den Speck in dünne Scheiben schneiden. Auflauf mit Semmelbrösel bestreuen und mit Speckscheiben belegen.

Im vorgeheizten Backofen auf der mittleren Schiene bei 200 Grad etwa 60 Minuten backen.

Zubereitung: leicht
Rezeptmenge: 4 Portionen

Einkaufsliste:

4 küchenfertige Salzheringe
750 g festkochende Kartoffeln
1 kleine Zwiebel
3–4 Eier
0,5 l Milch
150 g durchwachsener Speck
Mehl
Semmelbrösel
weißer Pfeffer

Krabbenkutter in Neuharlingersiel.

Friesische Kartoffelsuppe mit Nordseekrabben

Zutaten:

1 Zwiebel

300 g Kartoffeln

kleine Räucherspeckschwarte (50 g)

100 g Sellerie
100 g Möhren
100 g Porree
Salz
Pfeffer

2 Essl. Crème fraîche
4 Essl. gepulte Nordseekrabben
etwas Petersilie

Zubereitung:

Zwiebel schälen, in Scheiben schneiden und ohne Fett in der Pfanne bräunen.

Kartoffeln waschen, schälen und würfeln.

Räucherspeckschwarte im Topf leicht anbraten. Die Kartoffeln dazugeben und mit 0,35 l Wasser angießen.

Sellerie und Möhren putzen, würfeln. Porree putzen und in dünne Streifen schneiden. Gemüse zu den Kartoffeln geben. Mit Salz und Pfeffer leicht würzen. 15 Minuten köcheln lassen. Gebräunte Zwiebelscheiben dazu geben.

Die Räucherspeckschwarte aus dem Topf nehmen und alles mit dem Kartoffelstampfer klein drücken.

In Suppenteller füllen und mit Crème fraîche, Nordseekrabben und Petersilie dekorieren.

Zubereitung: leicht
Rezeptmenge: 2 Portionen

Einkaufsliste:

1 Zwiebel
300 g Kartoffeln
50 g Räucherspeckschwarte
100 g Sellerie
100 g Möhren
100 g Porree
ca. 100 g gepulte Nordseekrabben
etwas Petersilie
Crème fraîche

Tipp:

Wer etwas auf die Linie achten will, sollte sich diese fettarme Kartoffelsuppe merken!

Obstparadies: Altes Land

Es ist eine norddeutsche Spezialität, mit Obst zu kochen. Das mag daran liegen, dass zwischen Hamburg und Stade das größte zusammenhängende Obstanbaugebiet Nordeuropas liegt: das Alte Land.

Auf 170 Quadratkilometern wachsen hier rund acht Millionen Obstbäume. Das Blütenmeer der Kirsch-, Zwetschgen-, Birnen- und Apfelbäume im Frühjahr ist atemberaubend. Aber auch die Erntezeit ist ideal für einen Besuch. Dann stehen überall an den Straßen und in den Obsthöfen die hölzernen Kisten mit den leuchtend rotgelben Äpfeln.

Die Geschichte des Alten Landes ist lang. Im 12. Jahrhundert leisteten Holländer, bekannt für ihren Deichbau, die nötige Entwicklungshilfe. Dank ihrer Fachkenntnisse gelang es, die Sümpfe zwischen den Orten Stade und Buxtehude zu entwässern. Stolze Windmühlen, kleine Brücken und die für Holland charakteristischen Reihendörfer zeugen noch heute von dieser holländischen Unterstützung.

Wer im Alten Land spazieren geht, sollte sich einmal die Türen genauer ansehen. Neben den Prunkpforten – auch als Altländer Tore bezeichnet – gibt es so genannte Brauttüren, die sich nur von innen öffnen lassen. Früher schloss der Bräutigam sie auf, um seine Herzallerliebste über die Schwelle zu heben. Aber auch die Toten wurden durch diese Tür getragen.

Apfelbäume prägen das Bild des Alten Landes.

Neugierig geworden? Mehr über Geschichte und Traditionen erfährt man im Museum Altes Land, Westerjork 49 in Jork (Tel. 0 41 62 / 57 15). Außer der ersten Apfelsortiermaschine von Bauer Regenbogen gibt es hier auch alte Trachten, Filigranschmuck und stabile Bauernmöbel zu bewundern.

Der »Gräfenhof« ist das Rathaus von Jork.

Die Hochzeitssuppe

Hochzeiten wurden in Niedersachsen schon immer üppig gefeiert. Bereits vor dem Gang zur Kirche gab es die Brautsuppe, um eine Grundlage für die diversen Umtrünke zu schaffen. Die Brautsuppe bestand aus einer kräftigen Rindfleischbrühe, in die Weißbrot gebrockt wurde. Dazu trank man Schnaps und Bier.

Nach der Trauung begann dann das große Festessen. Den Auftakt bildete landesweit die Hochzeitssuppe. In früheren Zeiten war das eine Rindfleischsuppe mit Reis und Rosinen, bei der die Zutaten je nach Region variierten. Spargel, Mettbällchen, Eierstich oder Markklößchen gehörten je nach Landstrich dazu. Für den heutigen Geschmack ist die Hochzeitssuppe eine vollwertige Hauptmahlzeit, doch für unsere Vorfahren war sie nur ein Appetitanreger.

Mit Musik und Tanz feierte man bis spät in die Nacht. Der letzte Tanz – eine Art Polonaise – führte zum Beispiel in der Lüneburger Heide durch die Stallungen und alle Zimmer, bis das Paar vor der Brautkammer verabschiedet wurde. Doch mit der Hochzeitsnacht war noch längst nicht Schluss, denn am nächsten Tag zog die Braut in das Haus ihres Ehemanns ein und auch am dritten Tag tafelte und tanzte die Hochzeitsgesellschaft noch munter und üppig.

Jede Region hatte und hat ihre eigenen Riten. Im Kehdinger Land etwa wurde zu Hochzeiten per Zeitungsanzeige eingeladen. Alle, die sich mit dem Paar verbunden fühlten, durften kommen und jeder Gast brachte als Hochzeitsgeschenk Geld mit. Wenn das Brautpaar Glück hatte, blieb nach dem Begleichen der Zeche noch etwas für die Aussteuer übrig. Ein Brauch, über den sich auch heute noch viele Brautpaare freuen.

Kehdinger Hochzeitspaar um 1900.

Kehdinger Hochzeitssuppe

Zutaten:

1 kg Suppenfleisch (Rinderbrust)
2 Bund Suppengrün
2 Essl. gekörnte Brühe

500 g Hackfleisch vom Rind
Salz
Pfeffer
2 Eier

250 g Reis
125 g Rosinen

Zubereitung:

Das Suppenfleisch mit dem geputzten Suppengrün und der gekörnten Brühe in 3 l kaltem Wasser aufsetzen und 2 bis 3 Stunden köcheln lassen.

Inzwischen das Hackfleisch mit Salz und Pfeffer kräftig abschmecken und mit den Eiern mischen. Aus dem Fleischteig kleine Klößchen formen, die in Salzwasser gegart und anschließend warm gestellt werden.

Den Reis in Salzwasser gar kochen lassen. Die eingeweichten Rosinen untermischen und erhitzen. Das Fleisch aus der Brühe nehmen, würfeln und warm stellen. Die Brühe in eine Terrine durchseihen. Den Reis in einer Schüssel servieren.

Am Tisch nimmt sich jeder aus den verschiedenen Schüsseln Fleisch, Klößchen und Reis und gießt zum Schluss die Brühe darüber.

Zubereitung: mittelschwer
Rezeptmenge: 6 bis 8 Portionen

Einkaufsliste:

1 kg Suppenfleisch (Rinderbrust)
2 Bund Suppengrün
500 g Hackfleisch vom Rind
2 Eier
250 g Reis
125 g Rosinen
gekörnte Brühe

Geschmorte Kaninchenkeulen mit einer Apfel-Honigsauce »Altes Land«

Zutaten:

6 Kaninchenkeulen
Pfeffer
Salz
Öl
Butter

1 kg neue Kartoffeln
800 g Möhren

2 Essl. Honig
6 cl Altländer Apfelbrand
0,3 l Altländer Apfelsaft
0,3 l Geflügelbrühe
0,3 l Sahne

0,5 l Wasser
50 g Zucker
40 g Butter
Prise Salz
2 Äpfel (Ingrid Marie)
1 Essl. Honig

Zubereitung:

Kaninchenkeulen mit Pfeffer und Salz würzen. In einer Pfanne mit heißem Öl und Butter goldgelb anbraten.

Pellkartoffeln kochen. Möhren schälen und in dünne Streifen schneiden.

Für die Sauce in einer Pfanne den Honig erhitzen und karamellisieren lassen. Mit Apfelbrand flambieren. Apfelsaft, Geflügelbrühe und Sahne hinzufügen, salzen und pfeffern. Die Keulen dazulegen und auf kleiner Flamme etwa 20 Minuten zugedeckt garen.

Wasser, Zucker, Butter und etwas Salz zum Kochen bringen.
Die Möhren darin bissfest kochen. Kartoffeln pellen und in einer Pfanne mit heißer Butter und Salz goldgelb rösten.

Ungeschälte Apfelspälten in einer heißen Pfanne kurz mit Honig karamellisieren.

Auf heißen Tellern anrichten.

Zubereitung: mittel
Rezeptmenge: 6 Portionen

Einkaufsliste:

6 Kaninchenkeulen
0,3 l Geflügelbrühe
0,3 l Altländer Apfelsaft
0,3 l Sahne
6 cl Altländer Apfelbrand
800 g Möhren
1 kg neue Kartoffeln
2 Äpfel (Ingrid Marie)
60 g Butter
Honig

Das Alte Land ist das größte zusammenhängende Obstanbaugebiet Nordeuropas.

Apfel-Kartoffel-Klöße

Zutaten:

500 g geschälte Äpfel
1 kg gekochte Kartoffeln
2 Essl. Korinthen
2 Essl. Zucker
1 Prise Salz
0,25 l Milch

Zucker
Zimt

Zubereitung:

Äpfel schälen, in Stücke schneiden und mit den gekochten abgedämpften Kartoffeln mischen. Restliche Zutaten dazugeben, bis ein formbarer Teig entsteht.

Flache Kuchen formen und in Butter auf beiden Seiten goldgelb ausbacken.

Zucker und Zimt darüber streuen und heiß servieren.

Zubereitung: leicht
Rezeptmenge: 6 Portionen

Einkaufsliste:

600 g Äpfel
1 kg Kartoffeln
0,25 l Milch
Zimt
Korinthen

Erbsen und Klümpe

Zutaten:

4 Möhren
750 g Kartoffeln
1 kg frische grüne Erbsen
1,5 l Gemüsebrühe
2 Teel. Salz
1 Teel. Zucker

Klümpe
6 Eier
9 Essl. Mehl
6 Essl. Wasser
1 Teel. Salz
100 g Butter
2 Essl. Öl

Petersilie

Zubereitung:

Möhren und Kartoffeln schälen und in kleine Würfel schneiden. Mit den Erbsen, Salz und Zucker in 1,5 l Gemüsebrühe garen.

Eier, Mehl, Wasser, Salz und Butter zu einem dickflüssigen Teig (Klümpe) verrühren. Fett in der Pfanne erhitzen und den Eierteig unter Rühren goldgelb backen. Klümpe in kleine Stücke zerteilen und in die Gemüsesuppe geben. Vorsichtig umrühren und 30 Minuten ziehen lassen.

Mit gehackter Petersilie garnieren.

Zubereitung: leicht
Rezeptmenge: 4–6 Portionen

Einkaufsliste:

1 kg frische grüne Erbsen
4 Möhren
750 g Kartoffeln
1,5 l Gemüsebrühe
6 Eier
Butter
Mehl
Petersilie
Öl

Unkraut in der Gourmetküche

Das Rezept für das Holunderblütenkonzentrat stammt von Dorothea Alex. Schon als Kind sammelte sie mit Eltern und drei Geschwistern Kräuter und Wildpflanzen. Vom Vater – einem Botaniker – erbte sie die Leidenschaft für Pflanzen. Doch was heute als neuer Trend gefeiert wird, brachte Dorothea Alex als Kind nur Spott und Hohn ein. Als eine Freundin in der Grundschule fragte, was es denn gestern zu essen gegeben hätte, antwortete die kleine Dorothea wahrheitsgemäß: »Löwenzahnsalat«. Die Freundin fragte teilnahmsvoll: »Seid ihr so arm, dass ihr Unkraut essen müsst?«

Dorothea Alex wird das nie vergessen und umso interessanter findet sie es, dass die gehobene Gastronomie »heute nach den alten Rezepten sucht. Bei uns war das früher selbstverständlich …«

Denn Löwenzahnknospen in Butter oder Öl geschwenkt und leicht gesalzen auf Toast serviert waren nicht nur früher eine echte Delikatesse. Die Schulfreundin hatte schlichtweg keine Ahnung gehabt. Wahre Kenner der heimischen Flora suchten längst in Gärten und an Wegrändern nach Köstlichkeiten.

Mehr als 160 Kräuterarten wachsen heute in Dorothea Alex' einem Hektar großen Garten. Wie die Kräuter kann man auch das Holunderblütenkonzentrat vielfältig verwenden. Mit Wasser verdünnt ist es eine herrliche Limonade, mit Sekt aufgefüllt ein aromatischer Aperitif. Aber auch für Dressings, zum Verfeinern von Saucen oder Puddings ist das Konzentrat geeignet.

Holunder-Tipp für den Winter: Getrocknete Holunderblüten in kaltes Wasser geben und einmal aufwallen lassen – schon haben Sie einen wirkungsvollen und wohlschmeckenden Schwitztee gegen Erkältungen.

Die üppige Blumenpracht im Garten von Dorothea Alex sieht nicht nur wunderschön aus – vieles davon ist auch essbar.

Holunderblüten-Konzentrat

Zutaten:

3 l Wasser
4 kg Zucker
5 Zitronen in Scheiben
50 g Zitronensäure
300 g Holunderblüten

Zubereitung:

Wasser und Zucker aufkochen und abkühlen lassen. Mit Holunderblüten, Zitronen und Zitronensäure abgedeckt vier Tage kühl stellen und ziehen lassen. Ab und zu umrühren. Durch ein feines Tuch filtern und steril abfüllen.

Einkaufsliste:

4 kg Zucker
5 unbehandelte Zitronen
50 g Zitronensäure
300 g Holunderblüten

Tipp:

Wenn man das Holunderblüten-Konzentrat mit Wasser verdünnt, bekommt man eine leckere gesunde Limonade. Kinder lieben sie. Erwachsene schätzen das Holunderblüten-Konzentrat als Aperitif mit Sekt aufgefüllt.

Mousse-Variationen

Grundrezept

Zutaten:	**Zubereitung:**
300 g Fruchtpüree (ohne Schalen und Kerne)	Gewaschene Früchte pürieren. Bei den meisten Früchten – bis auf Erdbeeren – empfiehlt es sich, das Püree durch ein Sieb zu streichen, damit Häutchen und Kerne zurückbleiben.
30–70 g Zucker *3 Eigelb*	Das Püree mit Zucker süßen und mit Eigelb in eine Rührschüssel geben. Im heißen Wasserbad aufschlagen, bis die Masse eine Temperatur von etwa 70 Grad erreicht. Dann sind Salmonellen keine Gefahr mehr. Aber aufpassen, dass die Masse nicht zu heiß wird, sonst beginnt sie zu stocken.
3 Blatt Gelatine	Nun die Gelatine in etwas heißem Wasser auflösen und in feinem Strahl hinzugeben. Weiter mit dem Mixer durchrühren. Wenn die Masse etwas Bindung hat, wird sie vom Herd genommen und auf eine andere Schüssel mit Eiswasser gesetzt. Die Mousse wird nun so lange weiter geschlagen, bis die Gelatine zu dicken beginnt (etwa bei Zimmertemperatur).
250 ml geschlagene Sahne	Erst dann die geschlagene Sahne unterheben. Ist das Püree noch zu heiß, fällt alles zusammen. Die fertige Mousse in eine Schale füllen und mindestens 12 Stunden kühl stellen.

Zubereitung: mittel
Rezeptmenge: 4 Portionen

Einkaufsliste:

300 g Fruchtpüree
3 Eier
3 Blatt Gelatine
250 ml Sahne
Zucker

Tipp:

Grundsätzlich eignen sich alle Beerenfrüchte als Mousse. Aber auch Orangen, Aprikosen, Rhabarber, Zwetschgen, Kirschen und andere Obstsorten sind lecker. Nur hinsichtlich der Gelatinemenge muss man etwas experimentieren, weil einige Früchte stärkehaltiger sind und daher anders binden. Viele Früchte vertragen auch einen Spritzer Zitrone. Gerade im Sommer schmeckt die Mousse so herrlich erfrischend.
Einige Früchte sollte man immer für die Dekoration zurückbehalten. Auch etwas ungezuckertes Fruchtpüree kann als Soßenspiegel beim Anrichten auf großen Tellern helfen. Mousseklecks werden mit dem Löffel ausgestochen oder mit zwei Löffeln gerollt. Dabei nach jeder Portion die Löffel abwaschen, damit nichts klebt.

Restauranttipp:

Sülbecker Krug

Im Sülbecker Krug wurden die Mousse-Variationen kreiert. Wenn Sie bei der Tischreservierung diese sommerliche Köstlichkeit vorbestellen, wird Sternekoch Torsten Nordmeyer ihren Wunsch gern erfüllen. Denn Familie Nordmeyer hat es sich zur Aufgabe gemacht, alles zu tun, damit sich die Gäste wohlfühlen. Zu den Spezialitäten gehören heimische Produkte wie Zander aus dem Steinhuder Meer oder Ziegenkäse aus der Region.

Anfahrt: Autobahn A2, Abfahrt Bad Eilsen oder Bad Nenndorf. Der Sülbecker Krug in Nienstädt, OT Sülbeck befindet sich zwischen Bückeburg und Stadthagen an der Bundesstraße 65.

Hotel & Restaurant Sülbecker Krug
Mindener Straße 6, 31688 Nienstädt
Tel. 0 57 24 / 9 55 00, Fax: 0 57 24 / 9 55 00
Tischzeiten Di–Sa 12.00–14.00 Uhr und 18.00–22.00 Uhr, So 12.00–14.00 Uhr.

Rote Grütze nach altem Hausrezept

Zutaten:

100 g rote Johannisbeeren

150 g Himbeeren
150 g Sauerkirschen
150 g Erdbeeren
100 g Blaubeeren

0,5 l trockener Rotwein
0,5 l Wasser
100 g Zucker
1 Zimtstange

1/2 unbehandelte Orange

Zubereitung:

Die Johannisbeeren waschen und mit einer Gabel von den Stielen streifen.
Himbeeren verlesen, nicht waschen.
Sauerkirschen entstielen, waschen und entsteinen.
Erdbeeren verlesen, säubern und die Blütenansätze entfernen.
Die verlesenen Blaubeeren waschen. Von jeder Fruchtsorte die Hälfte als Einlage für die Rote Grütze beiseite stellen.

Die übrigen Früchte, Rotwein, Wasser, Zucker und die Zimtstange in einen Topf geben.

Die Orange in dünne Scheiben schneiden, zufügen. Alles aufkochen lassen. Zugedeckt bei geringer Hitze etwa 15 Minuten garen. Durch ein feines Sieb gießen. Die Reste gut ausdrücken. Erneut aufkochen und leicht einkochen lassen.

Einkaufsliste:

100 g rote Johannisbeeren
150 g Himbeeren
150 g Sauerkirschen
150 g Erdbeeren
100 g Blaubeeren
0,5 l trockener Rotwein
200 g Zucker
1 Zimtstange
1 unbehandelte Orange
40 g Speisestärke
1 l Milch
6 Eier
1 Vanilleschote

40 g Speisestärke

Speisestärke mit etwas kaltem Wasser oder Rotwein verrühren und die Fruchtflüssigkeit damit binden. Die als Einlage beiseite gestellten Früchte in eine Glasschüssel geben und mit der Fruchtsauce auffüllen.

Vanillesauce
1 Vanilleschote
1 l Milch
100 g Zucker

Vanillemark aus der aufgeschnittenen Schote kratzen. Die Milch, die Hälfte des Zuckers, Vanillemark und die Schote aufkochen. Anschließend die Schote wieder entfernen.

4 Eier
2 Eigelb

Eier, Eigelb und restlichen Zucker im heißen Wasserbad aufschlagen, bis eine cremige Masse entsteht. Etwas von der heißen Milch hinzugießen und dann durch ein Sieb in die Milch gießen. Unter ständigem Rühren vorsichtig erwärmen, bis die Sauce dicklich wird.

Zubereitung: mittel
Rezeptmenge: 8 Portionen

Welfenspeise

Zutaten:

0,5 l Milch
50 g Zucker
1 Vanilleschote
40 g Speisestärke
4 Eiweiß

4 Eigelb
1 Essl. Zucker
0,5 l Weißwein oder Apfelsaft
30 g Speisestärke

Zubereitung:

Milch mit Zucker, ausgekratztem Vanillemark und der Schote aufkochen. Schote wieder entfernen.

Speisestärke in etwas kaltem Wasser anrühren. Die heiße Milch damit binden. Eier trennen, Eiweiß steif schlagen und unter den heißen Pudding ziehen. Einmal aufwallen lassen. Etwas abgekühlt in eine Glasschüssel füllen.
Eigelb mit ganz wenig Saft und Zucker cremig aufschlagen.
Wein oder Apfelsaft aufkochen.

Speisestärke mit wenig Wasser anrühren. Wein oder Apfelsaft damit binden. Eicreme unterziehen. Einmal aufwallen lassen.
Auf die weiße Creme geben.

Zubereitung: leicht
Rezeptmenge: 6–8 Portionen

Einkaufsliste:

0,5 l Milch
1 Vanilleschote
70 g Speisestärke
4 Eier
0,5 l Weißwein oder Apfelsaft
Zucker

Herbst

Eintopf vom Fasan

Zutaten:

1 Fasan
4 Wacholderbeeren
Salz

2 große Möhren
2 große Zwiebeln
1 Porree
300 g Champignons
2 große Kartoffeln

1 Essl. Buchweizenmehl
50 g Butter
Thymian
Pfeffer
1 Essl. Crème fraîche

Zubereitung:

Den Fasan mit etwas Salz und den Wacholderbeeren mit Wasser bedeckt gar kochen. Haut und Knochen entfernen. Das Fleisch in kleine Stücke schneiden.

Das Gemüse klein schneiden, die Kartoffeln in Scheiben schneiden. Gemüse nacheinander in den Topf geben und in der Fasanenbrühe bissfest garen.

Das Buchweizenmehl in Butter anschwitzen und die Suppe damit binden. Würzen und das Fleisch dazugeben.

Auf Teller füllen und mit Crème fraîche dekorieren.

Zubereitung: mittel
Rezeptmenge: etwa 10 Portionen

Einkaufsliste:

1 Fasan
4 Wacholderbeeren
2 große Möhren
2 große Zwiebeln
1 Stange Porree
300 g Champignons
2 große Kartoffeln
Butter
Thymian
Crème fraîche
Buchweizenmehl

Die schöne Seite des Herbstes: nebelverhangene Wiesen.

Zutaten für Sauerfleisch.

Sauerfleisch

Zutaten:

2 kg Kasseler-Nacken
2 kg Schweinebraten
4 Lorbeerblätter
20 Wacholderbeeren
1 Teel. gemahlener schwarzer Pfeffer
20 Pimentkörner
2 Zwiebeln
Prise Salz
Kräuteressig
3 Essl. Zucker
12 Blatt Gelatine pro Liter

4 Gewürzgurken
4 hart gekochte Eier
1 klein geschnittene grüne Paprika

Remoulade
0,25 l Sahne
1 Essl. Zucker
1 Schuss Essig
4 Essl. Mayonnaise
frischer Dill
fein geriebene Zwiebel
Pfeffer
Salz

Zubereitung:

Das Fleisch in einem hohen Topf mit kaltem Wasser bedecken.

Lorbeer, Wacholder, Pfeffer, Piment und geviertelte Zwiebeln hinzufügen. Vorsichtig salzen und zum Kochen bringen.

Das Fleisch zwei Stunden zugedeckt sanft gar köcheln. Das noch warme Fleisch von Fett und harten Häuten (Kasseler) befreien und in mundgerechte Stücke schneiden. Die durch das Fleisch entstandene Brühe durch ein Sieb gießen, mit Essig herzhaft – eher sauer – abschmecken. Zucker hinzufügen und die vorher in kaltem Wasser eingeweichte Gelatine unterrühren. Das geht gut, wenn die Brühe noch heiß ist.

Das Fleisch zusammen mit klein gewürfelter Gewürzgurke, Eiern und Paprika in einer Form schichten und mit der noch warmen Brühe übergießen. Über Nacht kühl stellen.

Sahne mit Zucker, Essig, Mayonnaise und Dill (nach Geschmack) verrühren. Fein geriebene Zwiebel nach Bedarf hinzugeben und mit Pfeffer und Salz würzen.

Als Beilage eignet sich herbstlicher Blattsalat. Zu Sauerfleisch als Hauptgericht passen am besten Bratkartoffeln und Remoulade.

Zubereitung: leicht, aber zeitaufwändig
Rezeptmenge: etwa 20 Portionen

Einkaufsliste:

2 kg Kasseler-Nacken
2 kg Schweinebraten
4 Lorbeerblätter
20 Wacholderbeeren
20 Pimentkörner
3 Zwiebeln
0,25 l Sahne
12 Blatt Gelatine (mindestens)
4 Gewürzgurken
1 grüne Paprika
4 Eier
Essig
Zucker
Mayonnaise
frischer Dill
Krauteressig

Pfannenbrei

Zutaten:

1,5 kg Kartoffeln
500 g Zwiebeln
6–7 Eier
0,25 l Milch
Salz
Muskatnuss
50 g Butter

Zubereitung:

Rohe Kartoffeln und Zwiebeln reiben.

Mit den Eiern, etwas Milch, Salz und Muskatnuss verrühren.

In eine gefettete Pfanne mit Deckel geben. Wenn es stockt, immer wieder Milch nachgießen. Die Masse umrühren, bis sie hell ausgebacken ist.

Zubereitung: leicht
Rezeptmenge: 8 Portionen (als Hauptgericht: 4 Portionen)

Einkaufsliste:

1,5 kg Kartoffeln
500 g Zwiebeln
6–7 Eier
0,25 l Milch
Butter
Muskatnuss

Rote-Beete-Apfelsuppe mit Meerrettichnocken

Zutaten:

Suppe
900 g Rote Beete

300 g säuerliche Äpfel
0,8 l Geflügelfond oder Gemüsebrühe
50 g kalte Butter
Pfeffer
Salz
Zitronensaft

Nocken
100 g Kartoffeln
2 Eigelb
20 g Mehl
40 g Grieß
20 g frisch geriebener Meerrettich

Zubereitung:

Die Rote Bete gar kochen und schälen. Ein Viertel der Roten Beete in Würfel schneiden oder daraus Perlen ausstechen und beiseite stellen. Die restliche Rote Beete mit den entkernten Äpfeln in der Brühe zum Kochen bringen. 10 Minuten ziehen lassen. Gemüse und Äpfel in der Brühe pürieren. Alles durch ein Sieb streichen und anschließend die kalte Butter untermischen.
Mit Pfeffer, Salz und Zitronensaft abschmecken. Gemüsewürfel oder -perlen hinzugeben.

Die Kartoffeln schälen und in Salzwasser garen. Die gekochten Kartoffeln zweimal (!) durch die Kartoffelpresse drücken. Etwas abkühlen lassen und die anderen Zutaten unterrühren. Dann mit zwei Teelöffeln längliche Nocken abstechen und in siedendem Salzwasser 5 Minuten garen.

Die Nocken in die angerichtete Suppe geben. Wer möchte, kann mit etwas Kerbel dekorieren.

Zubereitung: mittel
Rezeptmenge: 4 Portionen

Einkaufsliste:

900 g Rote Beete
300 g säuerliche Äpfel
0,8 l Geflügelfond oder Gemüsebrühe
50 g kalte Butter
100 g Kartoffeln
2 Eier
40 g Grieß
1 kleine Meerrettichstange
1 Zitrone
Mehl

Frisches Gemüse aus der Region ist die Grundlage für eine gute Küche.

Birnen geben der geräucherten Rindfleischsuppe ihr besonderes Aroma.

Kehdinger Jüchen
– geräucherte Rindfleischsuppe

Zutaten:

1,5 l Gemüsefond

1 kg geräuchertes Rindfleisch
(z. B. mageres Rippenfleisch)
1 Bund Suppengrün

500 g Steckrüben

1 Bund Möhren
6 – 8 kleine feste Birnen

250 g kleine Nudeln

Pfeffer
Salz

Zubereitung:

Fond zum Kochen bringen.

Das Fleisch darin anderthalb Stunden garen. Suppengrün putzen und mit Küchengarn zusammenbinden, in der letzten halben Stunde dazutun. Fleisch herausnehmen.

Steckrüben schälen, in Scheiben schneiden und halbieren.

Die Möhre nur schälen. Aus den Birnen die Blüte ausstechen. Dann Steckrüben und Möhren etwa 15 Minuten in der Brühe köcheln.

Anschließend kommen die Birnen und Nudeln hinzu. Weitere 10 Minuten köcheln. Das Fleisch zerteilen und wieder in die Suppe geben. Mit Pfeffer und Salz abschmecken.

In einer großen Suppenterrine servieren.

Zubereitung: mittel
Rezeptmenge: 10 – 15 Tassen

Einkaufsliste:

500 g Steckrüben
1 Bund Möhren
1 Bund Suppengrün
1 kg geräuchertes Rindfleisch (z. B. mageres Rippenfleisch)
6 – 8 kleine feste Birnen
1,5 l Gemüsefond
250 g kleine Nudeln

Tipp:

Isst man die Suppe als Hauptgericht, eignen sich als Beilage Kehdinger Klüten (S. 110).

Der Begriff Jüchen kommt aus dem Plattdeutschen und heißt nichts anderes als dünn. Geräuchertes Fleisch wurde früher in der dünnen Suppe gekocht, um die ganze Familie satt zu machen. Je nach Jahreszeit kamen Möhren oder Kartoffeln hinzu. Seltener war die Kombination mit Kochbirnen. Die Männer, die damals meist körperlich hart arbeiten mussten, bekamen das größte Stück Fleisch.

Man aß Schweine- oder Rindfleisch, auch Mettwurst wurde verarbeitet. Die moderne Art der Kehdinger Jüchen ist natürlich wesentlich gehaltvoller und hat mit dünner Suppe nur noch wenig zu tun. Nur der Name ist geblieben.

Niedersächsisches Zungenragout

Zutaten:

1 Rinderzunge
Salz

50 g Butter
50 g Mehl

0,3 l Madeira
Pfeffer
Sahne
500 g Saucischen
(kleine Würstchen)
50 g Butter

Zubereitung:

Rinderzunge waschen und in Salzwasser 3 bis 4 Stunden gar kochen. Die Zunge ist gar, wenn sich die dicke Haut gut ablösen lässt. Zunge abkühlen lassen, Haut abziehen und Zunge in Scheiben schneiden.

Butter leicht bräunen, dann das Mehl einrühren und mit einem Liter der entstandenen Brühe die Sauce zubereiten.

Madeira dazugeben und mit Pfeffer, Salz und Sahne abschmecken. Zunge in die Sauce geben.

Die Saucischen in Butter anbraten und in die Sauce geben. Das Ganze einige Stunden stehen lassen. Vor dem Servieren vorsichtig erwärmen. Am einfachsten ist es, die Zunge am Vortag zu kochen.

Als Beilage sind Kartoffeln oder Reis, Grüne Bohnen oder Salat zu empfehlen.

Zubereitung: mittel
Rezeptmenge: etwa 6 Portionen

Einkaufsliste:

1 Rinderzunge
0,3 l Madeira
500 g Saucischen (kleine Würstchen)
Butter
Sahne
Mehl

Restauranttipp:

Steuerndieb

Zungenragout ist ein typisch niedersächsisches Gericht. Aber in vielen Restaurants sucht man es auf der Karte vergeblich. Im Steuerndieb in Hannover kocht Küchenchef Kai Ontrup für Sie sein spezielles Zungenragout auf Anfrage, da es nicht regulär auf der Karte steht.
Es unterscheidet sich vom Rezept der N3-Zuschauerin Rosemarie Kahle in einigen Details. Kai Ontrup verwendet zusätzlich Lauch, Zwiebeln, Champignons und Karotten für diese Spezialität. Er verfeinert mit Balsamessig und würzt außerdem auch mit Thymian.
Das Restaurant Steuerndieb liegt malerisch inmitten Hannovers Stadtwald Eilenriede. Der Name bedeutet »Steure dem Dieb« (halte oder störe den Dieb) und bezeichnet einen alten Turm der Landwehr, die hier bereits 1392 gegen Holzdiebe vorging. Im Sommer lädt das Steuerndieb auch in seine rustikale Waldschänke. Das Gartenrestaurant mit Seerosenteich bietet neben internationalen Gerichten auch Spezialitäten der Region.

Anfahrt: Hannover Richtung Zoo.

Steuerndieb
Steuerndieb 1, 30655 Hannover
Tel: 05 11 / 9 09 96-0, Fax: 05 11 / 9 09 96-29
Öffnungszeiten: Mo–Sa 12.00–15.00 und 18.00–23.00 Uhr, So 12.00–15.00 Uhr, für Veranstaltungen nach Vereinbarung.

Äpfel: Bei guter Lagerung bis in den Winter haltbar.

Beamtengans

Wer sich früher den teuren Gänsebraten nicht leisten konnte, gönnte sich eine preiswertere Variante – die so genannte Beamtengans.

Zutaten:	Zubereitung:
2–3 kg dicke Rippe	In die dicke Rippe vom Fleischer eine Tasche schneiden lassen. Das Fleisch abspülen und trocken tupfen.
Salz *Pfeffer*	Außen und innen mit Salz und Pfeffer einreiben.
3–4 Äpfel (Boskop)	Die Äpfel schälen, achteln und in kleine Scheiben schneiden.
4 Essl. Rosinen	Mit den Rosinen mischen und in die Rippe füllen. Die Rippe mit Rouladenspießen schließen oder mit Küchenzwirn zunähen. Das Fleisch in die Fettpfanne legen und etwas heißes Wasser angießen. Bei 220 Grad in den vorgeheizten Backofen schieben und etwa 2 Stunden garen. Dabei ab und zu mit heißem Wasser begießen. Nach einer Stunde die Temperatur auf 200 Grad zurückschalten. Das fertige Fleisch aus dem Bratenfond nehmen.
Pfeffer *Salz* *Speisestärke*	Den Fond mit Pfeffer und Salz abschmecken und mit Speisestärke etwas andicken. Das Fleisch vorsichtig von den Rippen lösen und in Scheiben schneiden.
	Kartoffeln und Rotkohl passen hervorragend zur Beamtengans.

Zubereitung: mittel
Rezeptmenge: 4 Portionen

Einkaufsliste:

2–3 kg dicke Rippe
3–4 Äpfel (Boskop)
Rosinen
Speisestärke

Pflaumenfleisch

Zutaten:

500 g Schweinefilet
1–2 Essl. Keimöl

2–3 mittelgroße Zwiebeln
1 Lorbeerblatt
250 g entsteinte Zwetschgen
0,35 l Apfelsaft
2 Essl. Crème fraîche
Pfeffer
Salz
1–2 Knoblauchzehen

Zubereitung:

Das Schweinefilet in Scheiben schneiden und in Öl von beiden Seiten kurz anbraten.

Die grob gewürfelten Zwiebeln, Lorbeerblatt und die Zwetschgen dazugeben. Nach Geschmack salzen und pfeffern. Sachte schmoren lassen, bis die Flüssigkeit weg ist.

Mit Apfelsaft auffüllen. Einkochen, bis nur noch wenig Flüssigkeit da ist. Crème fraîche unterrühren. Noch einmal mit Pfeffer und Salz abschmecken. 1 bis 2 durchgepresste Knoblauchzehen in der Pfanne verteilen.

Als Beilage schmecken besonders gut selbst gemachte Nudeln oder Kartoffelbrei.

Zubereitung: mittel
Rezeptmenge: 3 Portionen

Einkaufsliste:

500 g Schweinefilet
2–3 mittelgroße Zwiebeln
350 g Zwetschgen
1 Lorbeerblatt
0,35 l Apfelsaft
1–2 Knoblauchzehen
Crème fraîche
Keimöl

Buttermilchmus – ein einfaches Gericht mit vielen klangvollen Namen

Kartoffeln und Buttermilch – ein einfaches Gericht mit erstaunlich vielen Namen. »Eigentlich«, so erklärt Sophie Blomberg aus Riepen, »heißt es Bottermelksmaus, also Buttermilchmus auf Plattdeutsch.« Schon ihre Mutter kochte dieses preiswerte Essen. »Auch wenn manche von der Buttermilch Bauchschmerzen bekamen.«
Aus diesem Grund verfügt das preiswerte Essen über Namen wie »Bottermelksanbalasse« oder »Bottermelk angeballers«. Das ist lautmalerisch sehr eindeutig: Die Buttermilch brachte so manchen Bauch zum Brodeln. Doch damit der Namen nicht genug: Auch als »Bottermelksanreuelse« ist das Kartoffelgericht bekannt. Was wiederum nur heißt, dass es angerührt (anreuelse) werden musste.

So unterschiedlich die Bezeichnungen, so ähnlich die Rezepte. Sie variieren je nach Region nur geringfügig. Die bevorzugten Beilagen reichen von gebratener Beutel- oder Rotwurst über Pfannkuchen bis zu Heideschinken und Bregenwurst.

Schwarz-weiße Milchkühe im Wendland.

Buttermelksanreuelse

Zutaten:

2 l Buttermilch
Salz
Pfeffer
1 kg frisch gekochte Salzkartoffeln
1 Zwiebel
30 g Butter

Zubereitung:

Buttermilch unter ständigem Rühren zum Kochen bringen, salzen und pfeffern. Vom Herd nehmen.

Salzkartoffeln zufügen. Noch einmal kurz aufkochen lassen.

Fein gewürfelte Zwiebel in Butter goldgelb anrösten und mit der Butter zur Suppe geben.

Zubereitung: einfach
Rezeptmenge: 6 Portionen

Einkaufsliste:

2 l Buttermilch
1,2 kg Kartoffeln
1 Zwiebel
Butter

Die dollen Knollen

Im Gegensatz zum Spargel (Seite 36) ist die Geschichte der Kartoffel in Europa recht jung. Erst seit 450 Jahren gilt sie als vollwertiges Nahrungsmittel. Die Kartoffel stammt ursprünglich aus Peru. Die spanischen Eroberer brachten sie an den Hof, wo sie wegen ihrer hübschen Blüten in den Gärten bestaunt wurde. Es ranken sich viele Geschichten um die ersten Versuche, Kartoffeln als Nahrungsmittel zu nutzen. So soll der frühere Pirat und spätere Admiral von Königin Elizabeth I., Sir Walter Raleigh, die grünen Früchte probiert haben. Wütend, weil sie nicht schmeckten, habe er die Sträucher wieder rausreißen lassen und dabei die Kartoffeln entdeckt.

Im Eichsfeld wurden Kartoffeln bereits 1732 bei Duderstadt angebaut. Dennoch schlugen viele Versuche fehl, Kartoffeln in Deutschland im großen Stil zu kultivieren. Erst Friedrich der Große kam bei der Suche nach einem unkompliziert anzubauenden Gemüse für Kriegszeiten auf die Knolle. Er ließ sie anbauen und von Soldaten bewachen. Die Bevölkerung reagierte wie geplant. Viele Kartoffeln verschwanden in der Dunkelheit. Die Grenadiere stellten sich blind.

Inzwischen gelten die Deutschen neben den Iren als die Kartoffelesser. In Spitzenzeiten lag der Pro-Kopf-Verbrauch bei 200 Kilogramm im Jahr. Rund 130 Sorten können in Deutschland angebaut werden. Aber nur 90 Sorten kommen auf den Markt. Die übrigen Kartoffelsorten werden als Viehfutter oder zur Herstellung von Alkohol genutzt.

Gesunde Sattmacher: Kartoffeln.

Kartoffeln besitzen viele wertvolle Mineralien und Vitamine. Schon der Dichter Matthias Claudius schrieb: »Schön rötlich die Kartoffeln sind und weiß wie Alabaster und sind für Mann und Weib und Kind ein rechtes Magenpflaster.«

Kartoffelrezepte gibt es viele. Im südlichen Niedersachsen gilt »Himmel und Erde« als ein beliebtes und preiswertes Gericht. Dabei werden Salzkartoffeln und Äpfel püriert und mit Butterstückchen belegt. In Schmalz gedünstete Zwiebeln kommt obenauf. Dazu gibt es angebratene Wurst.

Kartoffelklöße mit Quark und Fleischfüllung

Zutaten:

Teig
1,5 kg Kartoffeln
3,5 kg rohe geschälte Kartoffeln
1 Essl. Salz
3 Essl. Kartoffelmehl

Füllung
500 g Schichtkäse
2–3 Eier
Prise Zimt
1/2 Teel. Zucker
1/2 Teel Salz
Estragon

Zubereitung:

1,5 kg Kartoffeln schälen, in Salzwasser kochen, abdämpfen und stampfen. Rohe Kartoffeln schälen und reiben. Im Handtuch gut ausdrücken. (Ergibt rund 1700 g Masse).
Mit dem Kartoffelbrei mischen.
Mit Salz und Kartoffelmehl durchkneten.

Schichtkäse im Tuch über Nacht abtropfen lassen und ausdrücken.
Mit den übrigen Zutaten vermengen.

Einkaufsliste:

5 kg Kartoffeln
500 g Schichtkäse
2–3 Eier
350 g Mett (halb Schwein und halb Rind)
2 trockene Brötchen
2 Zwiebeln
1 Knoblauchzehe
50 g durchwachsener geräucherter Speck
0,2 l Milch

Fleisch-Füllung
2 trockene Brötchen
1 Zwiebel
1 Knoblauchzehe
1/2 Teel. Salz
Pfeffer aus der Mühle
350 g Mett (halb Schwein und halb Rind)

Brötchen einweichen und gut ausdrücken.
Zwiebel und Knoblauch klein schneiden. Alle Zutaten vermengen.

Das Fleisch, das in eine Handfläche passt, oval formen und mit Teig umschließen. Quark mit dem Löffel abstechen und vorsichtig mit Kartoffelteig umschließen. Quark- und Fleischklöße getrennt in Salzwasser kochen. Quarkklöße 15 Minuten, Fleischklöße 20 Minuten. Topf beim Kochen bewegen, damit die Klöße nicht festkleben.

Sauce für Fleischklöße
50 g durchwachsener geräucherter Speck
1 Zwiebel
0,2 l Milch
1 Essl. Mehl
0,1 l Sahne
0,1 l saure Sahne
Salz

Speck würfeln und in einer Pfanne anbraten.
Zwiebelwürfel hinzugeben und mit kalter Milch ablöschen.
So lange die Milch noch kalt ist, Mehl hinzugeben.

Süße Sahne zugeben und alles durchkochen lassen.
Mit saurer Sahne und Salz abschmecken.

Für die Quarkklöße eignen sich als Sauce saure Sahne pur oder süße Sahne mit Dickmilch verrührt.

Zubereitung: mittelschwer
Rezeptmenge: 8–10 Portionen

0,1 l Sahne
0,1 l saure Sahne
Zimt
Zucker
Mehl
Estragon
Kartoffelmehl
Pfeffer aus der Mühle

Die Austernpilzzucht in Aerzen

Die Austernpilzschnitzel sind das Lieblingsrezept von Hans Jörg Miserre. Verständlich – denn in einer 500 Quadratmeter großen Halle baut der Landwirt aus Aerzen Pilze an. Vor zehn Jahren hat der heute 30-Jährige mit seiner Zucht angefangen. »Der Schweinestall war baufällig und ich wollte auch gar keine Schweine haben«, erinnert sich Miserre. Er suchte nach einer Marktlücke und fand sie. Neben Austernpilzen wachsen in Aerzen auch die aus Asien stammenden Shii-Take und Champignons.

Der große Austernpilz ist reich an Eiweiß, Aminosäuren und Vitaminen. 100 Gramm des kernigen, festen Pilzfleisches haben nur 30 Kalorien (126 kj). Da er im Geschmack sehr an Kalbfleisch erinnert, sind sogar ausgesprochene Fleischfans begeistert.

Tipp: Auch Hobbygärtner können es mit einer kleinen Austernpilzzucht versuchen. Dazu sollte man im Herbst einen abgelagerten Baumstamm etwa eine Woche wässern und dann einen 3 bis 4 Zentimeter tiefen Schlitz quer hineinsägen. In diesen Spalt kommt die Pilzbrut (gibt es im Gartencenter). Anschließend wird die Brut im Spalt mit Klebeband umwickelt. Der Stamm sollte nun schattig und geschützt im Garten aufgestellt werden. Ist der Sommer zu trocken, braucht der Stamm etwas Wasser mit der Brause.

Gut ein Jahr benötigt der Pilz, um den Baumstamm zu durchwandern. Dann kann man die ersten frischen Pilze ernten.

Wem das zu langwierig ist: Hans Jörg Miserre verkauft seine Austernpilze sowie Champignons und Shii-Take auf dem Bauernmarkt in Hannover sowie in Hameln und Umgebung und auf seinem Hof.

Hans Jörg Miserre
Gellerser Straße 32, 31855 Aerzen
Tel: 0 51 54 / 34 61, Mo–Sa 9.00–19.00 Uhr.

Der Shii-Take wurde bereits vor 2000 Jahren in Asien angebaut. Er ist sehr vitaminreich.

Der Limonen-Pilz (auch »gelber Austernpilz« genannt) ist eine neue Züchtung. Er duftet ein wenig nach Zitrone und schmeckt etwas frischer als der übliche Austernpilz. Verarbeitet wird er allerdings genauso.

Austernpilze werden von Vegetariern gern als Fleischersatz genommen. Im Geschmack erinnern die eiweißreichen Pilze an Kalbfleisch.

Austernpilzschnitzel

Zutaten:

500 g handtellergroße Austernpilze
Salz
Pfeffer
50 g Mehl
100 g Paniermehl
2 Eier
Öl

Zubereitung:

Pilzhüte vor dem Panieren leicht pfeffern und salzen.

Dann nacheinander in Mehl, geschlagenem Ei und Paniermehl wenden.

In heißem Öl von beiden Seiten goldbraun backen.

Die leckerste Beilage ist Salat.

Zubereitung: leicht
Rezeptmenge: 2 Portionen

Einkaufsliste:

500 g handtellergroße Austernpilze
2 Eier
Paniermehl
Mehl

Hasensuppe

Zutaten:

4 Zwiebeln
4 Möhren
2 Stangen Porree
750 g Hasenklein
60 g Butter
60 g magerer Speck
2–3 Schinkenschwarten
1 Lorbeerblatt
2 Nelken
1/4 Teel. Salz
2 l Wasser

1 Glas Rotwein oder einen Schuss ostfriesischen Branntweins
250 ml Sahne

Zubereitung:

Zwiebeln würfeln. Möhren und Porree in Scheiben schneiden.

Hasenklein in Butter und Speck anbraten.

Gemüse, Schinkenschwarten, Lorbeerblatt, Nelken und Salz zugeben. Mit Wasser auffüllen und bei mittlerer Hitze etwa 90 Minuten köcheln lassen.

Schwarten und Hasenklein aus der Suppe nehmen. Hasenklein von den Knochen lösen, klein schneiden und in der Suppe nochmals aufkochen. Zum Schluss mit Rotwein oder Branntwein abschmecken und die Sahne unter die Suppe ziehen.

Zubereitung: mittel
Rezeptmenge: 4 Portionen

Einkaufsliste:

4 Zwiebeln
4 Möhren
2 Stangen Porree
750 g Hasenklein
60 g magerer Speck
2–3 Schinkenschwarten
1 Lorbeerblatt
2 Nelken
250 ml Sahne
Rotwein oder ostfriesischen Branntwein
Butter

Entenbrust auf Kürbissauerkraut mit geräucherter Kartoffelsauce

Zutaten: / **Zubereitung:**

Räucherfond
500 g Schinkenschwarte
und Kasseler Knochen

Knochen und Schinken in 0,5 l Wasser 1 bis 1,5 Stunden langsam auskochen. Wer mag, fügt noch ein Bund Suppengrün hinzu. Brühe durch ein Sieb gießen und anschließend auf die Hälfte einkochen lassen.

Kürbissauerkraut
200 g sauer eingelegter
Kürbis
4 Essl. Zwiebelwürfel
1 Essl. Schweineschmalz
0,2 l Weißwein
200 g Sauerkraut
Zucker
Salz

Kürbis und etwas Saft in einem hohen Gefäß fein pürieren.

Zwiebelwürfel im Schweineschmalz anschwitzen, mit etwas Weißwein ablöschen, das Sauerkraut sowie die Kürbismasse hinzugeben, mit dem restlichen Weißwein auffüllen und mit Zucker und Salz abschmecken.
Etwa eine halbe Stunde leicht köcheln lassen.

Geräucherte Kartoffelsauce
125 g Kartoffeln
(fein gewürfelt)
Salz
Pfeffer
50 ml Sahne
25 g Butter
Salz

Kartoffelwürfel in dem Räucherfond 15 Minuten durchkochen lassen. Im Topf pürieren und durch ein Sieb gießen.
Mit Salz und Pfeffer abschmecken. Mit der Sahne verfeinern und die kalte Butter untermixen. Mit dem Pürierstab bekommt die Sauce eine leicht schaumige Konsistenz.

Wildentenbrust
4 Entenbrüste á 200 g
Salz
Pfeffer

Die Haut rautenförmig einschneiden, mit Salz und Pfeffer würzen. Auf beiden Seiten scharf anbraten. Auf der Hautseite im Ofen bei 200 Grad etwa 5 Minuten garen. Danach noch 3 Minuten an einem warmen Ort ruhen lassen.

Anrichten

Kürbissauerkraut in der Tellermitte schön rund anrichten. Darauf die in Scheiben geschnittene Entenbrust fächerförmig verteilen, mit der Kartoffelsauce umgießen. Dazu passt am besten Kartoffelpüree.

Zubereitung: mittelschwer
Rezeptmenge: 4 Portionen

Einkaufsliste:

500 g Schinkenschwarte und Kasseler Knochen
200 g sauer eingelegter Kürbis
2–3 Zwiebeln
200 g Sauerkraut
4 Entenbrüste à 200 g
200 g Kartoffeln
50 ml Sahne
Butter
Schweineschmalz
Weißwein

Kürbisse: Vielfältig in Aussehen und Geschmack.

Kürbisgemüse

Zutaten:

300 g Kürbis ohne Schale
50 g Butter
4 Tomaten
Salz
2–3 Basilikumblätter

Zubereitung:

Den Kürbis in etwa 5 mal 5 Zentimeter große Würfel schneiden.
In der Butter anschwitzen.
Die Tomaten häuten, entkernen und ebenfalls würfeln. Kurz mitdünsten und salzen.
Das Basilikum in feine Streifen schneiden und zum Schluss zugeben.

Eignet sich besonders gut als Beilage zu Geflügel.

Zubereitung: einfach
Rezeptmenge: 4 Portionen

Einkaufsliste:

500 g Kürbis
4 Tomaten
2–3 Basilikumblätter
Butter

Ein kürbisfreier Tag in der Woche

Als Kind entdeckte Ernst Grastorf seine Liebe zu Kürbissen. Später pflanzte er sie im Garten an und heute werden auf seinen Feldern in Ditterke rund 200 verschiedene Sorten geerntet. »Das gelingt nicht immer«, schränkt Grastorf ein, »wenn der Sommer zu feucht oder kalt ist, haben es Sorten aus Südamerika oder dem Mittelmeerraum natürlich schwer und reifen nicht vollständig aus.«

Kürbisse gehören zu den ältesten Kulturpflanzen. Drei Hauptgruppen werden unterschieden: Riesenkürbis, Moschuskürbis und Gartenkürbis, zu dessen Familie auch die Zierkürbisse gerechnet werden. Geschmack, Größe, Form und Farbe sind sehr unterschiedlich. Da gibt es zum Beispiel den Butternut, der in seiner Form an eine Birne erinnert. Sein Fleisch kann roh und gekocht gegessen werden. Oder der Spaghettikürbis: Er heißt so, weil sein Fruchtfleisch nach dem Kochen zu spaghettiähnlichen Schnüren zerfällt. Man isst ihn wie Nudeln mit Tomatensauce. Bei Kindern ist er deshalb sehr beliebt. Den Patisson nennt man wegen seiner Form auch »Ufo« oder »Squash«. Die kleineren Exemplare kann man sogar mit der Schale essen.

Die Kürbis-Saison dauert von Ende August bis November. Da er sich gut lagern lässt, bekommt man frischen Kürbis manchmal auch noch im Februar. Doch die Zeit der Kürbisfeiern ist auch hierzulande Ende Oktober. Allein 45 Kürbisarten bietet Ernst Grastorf zu Halloween an. Je nach Bedarf von faustgroßen Exemplaren bis zu 30-Kilogramm-Monstern. »Mich haben schon Kunden gefragt, ob die aus Plastik sind. So schön sind sie gewachsen in ihrem leuchtenden Orange.«
Aber auch ohne Halloween-Feier ist der Herbst die richtige Zeit für leckere Kürbisgerichte. Worauf Sie beim Kauf achten müssen, verrät Ihnen Ernst Grastorf ganz exklusiv: »Suchen Sie einen Verkäufer, der Ihnen zu jedem Rezept den passenden Kürbis nennen kann und nicht nur Sorten anpreist, von denen er besonders viele geerntet hat.«

Speisekürbisse welken und faulen wegen ihres hohen Wasseranteils schneller als Zierkürbisse. Sie müssen absolut trocken und kühl liegen. Fangen sie am Stiel an zu faulen, wurden sie nass geerntet oder falsch gelagert. Nur wirklich reif geerntete Früchte sind lange haltbar – etwa drei bis vier Monate, einzelne auch länger.

Zierkürbisse sollten Sie vor dem Kauf mit Daumen und Zeigefinger drücken. Sind sie weich, wurden sie unreif geerntet und werden schneller faulen. Sonst halten Zierkürbisse im Durchschnitt fünf Monate, einzelne Exemplare bis zu drei Jahren.

»Wenn mich jemand fragt, wie lange ein Zierkürbis hält, sage ich immer: Hoffentlich nur elf Monate«, sagt Ernst Grastorf lachend. Denn Ende August beginnt bei ihm die Kürbissaison. Natürlich werden in der Hofküche auch viele Rezepte ausprobiert. Auf eines legt Ernst Grastorf dabei großen Wert: »Einen kürbisfreien Tag in der Woche habe ich auch im Herbst.«

Kürbishof Grastorf
Bundesstraße 10, 30989 Gehrden-Ditterke, Tel: 0 51 08 / 23 84
Ab Ende August Direktverkauf auf dem Hof: Fr/Sa 14.00–18.00 Uhr.

Wenn Geister Halloween feiern

Die Sitte, Halloween zu feiern, ist in Amerika schon lange üblich und findet auch in Deutschland immer mehr Anhänger. Dabei handelt es sich um einen ursprünglich keltischen Brauch. Im Altertum feierten Kelten und Angelsachsen am 31. Oktober das Sommerende und Neujahr. Auf den Hügeln zündeten sie Freudenfeuer an, um böse Geister zu vertreiben. Sie glaubten, dass die Seelen der Toten an diesem Tag zurück in ihre Häuser kehrten. Viele heidnische Bräuche flossen in das Christentum ein.

Die Iren brachten das keltische Neujahrsfest nach Amerika. Zu Halloween verkleiden sich die Kinder als Geister und Monster. Kürbisse werden ausgehöhlt und Fratzen hineingeschnitten. Von innen mit einer Kerze beleuchtet werden sie vor dem Haus aufgestellt, um böse Geister fern zu halten.

Bei Familie Klawunde geht es um die Wurst

Gurken einlegen, Sauerkraut herstellen oder Rinderfilet marinieren – es gibt wohl nichts, was Marianne Klawunde nicht kann. »Ich koche immer noch wie zu Großmutter Zeiten,« erzählt die leidenschaftliche Köchin aus Braunschweig. Gemeinsam mit Ehemann Günther, einem gelernten Fleischer, hat sie alte Rezepturen wieder entdeckt.

Das interessierte auch Tochter Jessica. Als sich die 31-Jährige mal wieder zu Hause einen Rezepttipp holte, stöhnte sie: »Wen soll ich bloß fragen, wenn es Euch mal nicht mehr gibt?« Vater Günther wusste Rat. Seine von Hand geschriebenen Küchentipps, Anekdoten und kleine Küchengeheimnisse füllen mittlerweile ein ganzes Buch. Das zweite ist in Arbeit. »Beim Durchblättern soll sie sich später einmal an uns erinnern.«

Das Essen hat bei Familie Klawunde einen großen Stellenwert: »Wenn die neue Fernsehzeitung kommt, kreuze ich alles an, was mit Kochen zu tun hat. Wenn wir nicht da sind, nehmen wir die Sendung auf.« Aber die beiden Pensionäre wollen nicht nur zuschauen. Für Freunde und Bekannte zaubern sie kalte Buffets und lassen sich immer wieder etwas Neues einfallen.

Mal setzen sie kleine Mäuse aus Radieschen in die Käseplatte, ein anderes Mal kreieren sie Kakteen aus Gummibärchen. Schließlich sollen auch die kleinen Gäste ihren Spaß haben, so wie Günther und Marianne Klawunde es genießen, anderen eine Freude zu machen. »Wir wollen damit kein Geld verdienen. Wir freuen uns an den glücklichen Gesichtern«, betont das dynamische Duo.

Vor acht Jahren kam noch eine weitere Leidenschaft dazu und wieder ist die Tochter daran »schuld«. Beim Stöbern fand sie ein altes Wurstrezept und mit ihrer Frage: »Papa, kannst Du das noch?« brachte sie eine Lawine ins Rollen. Denn Papa konnte es noch und war so erfolgreich, dass er mit seiner Frau inzwischen jedes Jahr eine Fleischerei anmietet. »Von November bis März machen wir Wurst«, sagt Marianne Klawunde zufrieden. Acht Sorten Dosenwurst und frische Bregenwürste sind nicht nur bei Freunden sehr beliebt. »Wir liefern sogar nach England und in die Schweiz«, freut sich Günther Klawunde. 1000 Bregenwürste stellen beide an einem Tag her. »Wir sammeln Bestellungen und sagen den Freunden Bescheid. Dann geht es los!«

Natürliche Zutaten sind ihnen wichtig. »Wir nehmen nur Kräuter – keine Chemie.« Das schätzen die Kunden – von Ehepaar Klawunde nur liebevoll »Esser« genannt. Der Freizeitfleischer hat sich mit seinen ausgefallenen Kräutermischungen einen Namen gemacht, in seine Grillgewürze kommen sogar Tannennadeln.

Auch sonst unterscheiden sich Produkte aus dem Haus Klawunde von der üblichen Supermarktware. »Unsere Dosen haben noch eine Kochkuhle«, erklärt Marianne Klawunde. Denn nur mit chemischen Zusätzen sei eine Dose »lückenlos« zu füllen. »Das sind so Kleinigkeiten«, meint Günther Klawunde schlicht, »aber mit Kleinigkeiten können sie Menschen eine Freude machen.«

Marianne und Günther Klawunde prüfen die Gewürze für die nächste Wurstproduktion.

Marinierte Lammkeule

Zutaten:

1 Lammkeule mit Knochen (etwa 2–2,5 kg)
2 unbehandelte Zitronen
3 Knoblauchzehen
2 Zweige Rosmarin
1 Essl. Pfefferkörner
0,25 l Olivenöl
Salz
Pfeffer
2 Essl. Olivenöl

0,25 l Weißwein
Lammbrühe
1,5 kg kleine Kartoffeln
Pfeffer
Salz
Rosmarin
1 Prise Zucker

Zubereitung:

Lammkeule kalt abspülen und trockentupfen.
Zitronen schälen und auspressen. Knoblauchzehen halbieren.

Rosmarin, Zitronenschale in Stückchen, zerstoßene Pfefferkörner, Zitronensaft und Olivenöl in einen großen Gefrierbeutel füllen. Mischen und die Keule dazugeben. Den Beutel gut verschließen und für 1 bis 2 Tage im Kühlschrank oder im kühlen Keller ruhen lassen.
Die Keule herausnehmen, abtupfen und mit Salz und Pfeffer einreiben.
Öl in einem Bräter erhitzen. Das Fleisch kräftig darin anbraten und im Backofen auf der untersten Schiene bei 200 Grad 105 Minuten garen.
Nach 30 Minuten den Wein angießen. Fleisch ab und zu mit Bratensaft beträufeln. Wenn nötig, Lammbrühe oder heißes Wasser nachgießen. Kartoffeln für die letzte Stunde mit in den Bräter legen.
Mit Pfeffer, Salz und gehackten Rosmarinnadeln abschmecken.
Nach Geschmack eine Prise Zucker hinzufügen.
Dazu passen hervorragend grüne Bohnen.

Zubereitung: mittel
Rezeptmenge: 6 Portionen

Einkaufsliste:

1 Lammkeule mit Knochen (etwa 2–2,5 kg)
1,5 kg kleine Kartoffeln
0,25 l Weißwein
3 Knoblauchzehen
2 unbehandelte Zitronen
3 Zweige Rosmarin
Lammbrühe
0,3 l Olivenöl
Pfefferkörner

Selbst gemachtes Schmalz

Zutaten:

1 kg geräuchertes Schinkenfett beim Schlachter bestellen (kein Speck und keine Flomen)
1 kg geräucherter fetter Speck
0,5 kg geräucherter Bauchspeck ohne Schwarte
4 große Zwiebeln
2 Knoblauchzehen
3 Lorbeerblätter
weißer Pfeffer
1/2 Teel. Thymian
6 Nelken
3 Wacholderbeeren
etwa 12 grüne Pfefferkörner

Zubereitung:

Schinkenfett und geräucherten Speck durch den Wolf drehen.
Bauchspeck in kleine Würfel schneiden. Alles im Brattopf anbraten.

Zwiebeln und Knoblauch klein schneiden und dazugeben.

Wacholderbeeren anstoßen. Alle Gewürze dazugeben.
Unter Rühren auslassen.
In Töpfe füllen und erkalten lassen.

Zubereitung: einfach
Rezeptmenge: 10 Töpfe à 250 g

Einkaufsliste:

1 kg geräuchertes Schinkenfett beim Schlachter bestellen (kein Speck und keine Flomen)
1 kg geräucherter fetter Speck
0,5 kg geräucherter Bauchspeck ohne Schwarte
4 große Zwiebeln
3 Lorbeerblätter
2 Knoblauchzehen
6 Nelken
3 Wacholderbeeren
etwa 12 grüne Pfefferkörner
Thymian

Idyllisch: Stangenbohnen im Gemüsegarten in Dötlingen bei Großenkneten.

Birnen, Bohnen und Speck

Zutaten:

500 g durchwachsener geräucherter Speck
0,5 l Wasser
1 kg Bohnen
2 Stängel Bohnenkraut

500 g kleine Kochbirnen

3 Essl. Weizenpuder
Salz
Pfeffer
1 Bund Petersilie

Zubereitung:

Speck mit Wasser aufkochen. Bei mittlerer Hitze 30 Minuten kochen.

Bohnen putzen, waschen und in Stücke brechen, mit Bohnenkraut zum Speck geben und 10 Minuten kochen lassen.

Bei den Birnen die Blüte ausstechen, Birnen waschen und mit Stiel in den Topf legen. 20 Minuten gar kochen.

Speck herausnehmen und in Scheiben schneiden. Flüssigkeit nach Belieben mit Weizenpuder binden. Mit Salz und Pfeffer abschmecken. Gehackte Petersilie darüber streuen.

Dazu passen Salzkartoffeln.

Zubereitung: einfach
Rezeptmenge: 4 Portionen

Einkaufsliste:

500 g durchwachsener geräucherter Speck
1 kg Bohnen
500 g kleine Kochbirnen
2 Stängel Bohnenkraut
1 Bund Petersilie
Weizenpuder

Kiepenfrauen im Harz

Mit wenigen Zutaten wurden vor 200 Jahren im Harz die schlichten Mahlzeiten zubereitet. Frisches Gemüse, Eier und Gewürze waren rar. Diese wichtigen Lebensmittel brachten die Kiepenfrauen – auch Grüne-Waren-Weiber genannt – in die entlegenen Bergdörfer. Als »Kamele des Oberharzes« wurden sie vor 200 Jahren wenig schmeichelhaft bezeichnet. In den Familien der Bergleute blieb den Mädchen, die keine Schulbildung genießen konnten, oft nur diese Landgängerei. Noch bis 1960 waren Kiepenfrauen unterwegs.

Auch der Anbau und das Mahlen von Weizen waren im Harz mühsam. Brot stellte man aus Roggen und Hafer her – auf Vorrat. Frisches Brot galt als Delikatesse. Die armen Bergleute hatten bei ihrer schweren Arbeit oft nur hartes Brot dabei, das sie in Wasser aufweichen mussten, bevor sie es essen konnten. Ironisch, aber erfindungsreich, nannten sie diesen Eintopf dann »Köhlersuppe« oder »Berghuhn«.

Weizenmehl wurde nur zu besonderen Anlässen verwendet – etwa bei Hochzeiten und zu Weihnachten. Dann gab es Butter- und Schmandkuchen, Topf- und Honigkuchen sowie Kränze, Zöpfe und Figuren aus Hefeteig oder eben Ballbäuschen.

Die Kiepenfrauen brachten auch dieses zartes Gebäck und waren deshalb bei den Kindern als »Witbrotfruien« sehr beliebt. Denn manchmal hatten sie auch missratenen Kuchen dabei, den sie in Stücke geschnitten an die Kinder verschenkten.

Eine Kiepenfrau um 1900.

Ballbäuschen

Zutaten:

100 g Butter
4 Essl. Zucker
1 Päckchen Vanillezucker
1 kräftige Prise Salz
2 Eier
4 Essl. Sahne
250 g Mehl
2 gestrichene Teel. Backpulver
Ausbackfett
Puderzucker

Zubereitung:

Butter, Zucker, Vanillezucker, Salz, Eier und Sahne verquirlen.

Das Mehl mit dem Backpulver vermischen und nach und nach einrühren. Von dem Teig mit 2 Teelöffeln kleine Bällchen abstechen und in heißem Fett ausbacken.

Mit Puderzucker besieben.

Zubereitung: leicht
Rezeptmenge: 4 Portionen

Einkaufsliste:

1 Päckchen Vanillezucker
2 Eier
250 g Mehl
Sahne
Zucker
Backpulver
Ausbackfett
Puderzucker
Butter

Birnbubber

Zutaten:

10 – 15 feste Birnen
1 Zimtstange

Teig
2 Eier
125 g Zucker
1 Päckchen Vanillezucker
125 g Mehl
2 gestrichene Teel. Backpulver

Zubereitung:

Birnen schälen, entkernen und in Stücke schneiden. Mit etwas Wasser und der Zimtstange bissfest kochen. Beiseite stellen.

Zutaten für den Teig zu einem Rührteig verarbeiten. Schichtweise mit den Birnen in eine gefettete Auflaufform füllen. Mit Teig abschließen.

Im vorgeheizten Backofen bei 175 bis 195 Grad 30 Minuten backen.

Zubereitung: leicht
Rezeptmenge: 6 Portionen

Einkaufsliste:

10 – 15 feste Birnen
1 Zimtstange
2 Eier
125 g Zucker
1 Päckchen Vanillezucker
125 g Mehl
Backpulver

Trauben mit Weinschaumsauce

Zutaten:

200 g blaue Trauben
200 g grüne Trauben
2 Eigelb
1 Essl. Zucker
1 Teel. Zitronensaft
5 Essl. Weißwein

Zubereitung:

Trauben waschen, halbieren und entkernen und die Hälfte in vier Gläser füllen.
Eigelb und Zucker, Zitronensaft und Weißwein in einem Topf verrühren. Bei mittlerer Hitze auf der Herdplatte bis kurz vor dem Kochen aufschlagen. Eine dickliche Creme entsteht, die nicht kochen darf. Die Creme auf den Weintrauben in den Gläsern verteilen. Mit den restlichen Trauben dekorieren.

Zubereitung: mittel
Rezeptmenge: 4 Portionen

Einkaufsliste:

200 g blaue Trauben
200 g grüne Trauben
2 Eier
Zucker
1 Zitrone
Weißwein

Winter

Gänse Weißsauer

Zutaten:

1 mittelgroße Gans
(3 bis 4 kg, küchenfertig)
Gänseklein: Herz, gesäuberter Magen, Hals und Flügel
Schuss Essig
8 Pimentkörner
2 Gewürznelken
2 Lorbeerblätter
1 Essl. schwarze, zerdrückte Pfefferkörner
3 Stängel Beifuss
1 Stück Knollensellerie
2 Möhren
1 Stange Lauch
1 Petersilienwurzel
2 Zwiebeln

3 Stängel Thymian
(Zitronenscheiben)

4–5 Eiweiß
0,25 l Weißwein-Essig
Pfeffer
Zucker
Salz
10 Blatt Gelatine
1/2 Bund glatte Petersilie

Zubereitung:

Die Gans in große Stücke schneiden und zusammen mit dem Gänseklein und einem Schuss Essig in einem großen Topf mit kaltem Salzwasser knapp bedeckt aufsetzen.

Die Gewürze dazugeben. Anderthalb bis zwei Stunden garen.

Erst in den letzten 20 Minuten Sellerie, Möhren, Lauch, Petersilienwurzel und Zwiebeln mitkochen. Sonst würden sie zu sehr das Fleischaroma aufnehmen und den Geschmack der Brühe verwässern. Während des Kochens immer wieder gut abschäumen. Danach Möhren herausnehmen und zur Seite stellen. Das Gänsefleisch (Brust und Keulen) in möglichst heißem Zustand vom Knochen lösen und in mundgerechte Stücke schneiden.
Den Thymian – und wer mag – einige Zitronenscheiben (unbehandelt) in die Brühe geben und diese gut 30 Minuten einkochen, bis sie einen kraftigen Geschmack bekommt. Zum Schluss gut entfetten und die Brühe mit Eiweiß klären. Kräftig mit Essig, Pfeffer, Zucker und Salz abschmecken. Gelatine in die Brühe geben – Gelierprobe machen. Die Brühe in eine flache Form gießen. Zunächst nur einen Teil einfüllen und fest werden lassen. Danach gestaltet man die Sülze mit Gänsefleisch, geschnittenen Möhren und einigen Blättchen Petersilie. Dann die Brühe wieder angießen, bis alles bedeckt ist.
Sülze über Nacht in den Kühlschrank stellen. Zum Stürzen am Formrand mit einem spitzen Messer entlang fahren und die Form kurz in heißes Wasser tauchen.
Am besten schmecken dazu kleine goldgelb gebackene Kartoffelwürfel und Senfgürkchen. Die Sülze hält sich im Kühlschrank 3 bis 4 Tage.

Zubereitung: mittel
Rezeptmenge: 4 bis 6 Portionen

Einkaufsliste:

1 mittelgroße Gans
(3 bis 4 kg, küchenfertig, mit Innereien)
2 Möhren
1 Stange Lauch
1 Stück Knollensellerie
1 Petersilienwurzel
2 Zwiebeln
0,25 l Weißwein-Essig
8 Pimentkörner
2 Gewürznelken
2 Lorbeerblätter
3 Stängel Beifuss
3 Stängel Thymian
1 unbehandelte Zitrone
4–5 Eier
0,25 l Weißwein Essig
10 Blatt Gelatine
1 Bund glatte Petersilie
schwarze Pfefferkörner

Tipp:

Zum Klären gibt man das Eiweiß in die kalte Brühe und lässt es langsam aufkochen. Anfangs mit einem Kochlöffel vorsichtig durchrühren. Wenn die Brühe heiß wird, entstehen feine Fäden wie beim Eierstich. Sie binden Schwebe- und Trübstoffe.
Die Brühe wird durch ein in ein Sieb gelegtes Tuch gegossen.

Weißsauer vom Schwein

Im Kehdinger Land liebt man Weißsauer vom Schwein. Statt Gans kommen hier eingepökelte Pfötchen, Öhrchen, Schnauze und Schwanz in den Topf. Außerdem gehört eine gewässerte Schweineniere dazu. Die Gewürze sind dieselben wie beim Gänse Weißsauer. Doch statt des Gemüses gibt man 250 g Backobst in die Brühe. Zum Gelieren nimmt man falls erforderlich Sago. Ansonsten ist die Machart identisch. Das Kehdinger Weißsauer wird warm mit Salzkartoffeln serviert.

Feldsalat mit Steckrübenstreifen

Zutaten:

Salat
250 g Feldsalat
1 Chicoree
6 Kirschtomaten
100 g feine Steckrübenstreifen
50 g gehackte Walnüsse
50 g geräucherter Bauchspeck

Dressing
2 kleine Kartoffeln
4 Essl. Balsamico-Essig
6 Essl. Maiskeimöl
4 Essl. Wasser
Salz
Pfeffer aus der Mühle
Zucker

Zubereitung:

Feldsalat, Chicoree und Kirschtomaten waschen.

Die Steckrübenstreifen in Salzwasser blanchieren. Die Chicoreeblätter sternförmig auf einen Teller legen und den Feldsalat und die Kirschtomaten auf den Chicoreeblättern hoch anrichten.
Die gehackten Walnüsse anrösten und mit den Steckrübenstreifen darüber geben.
Auch ausgebratene Bauchspeck-Würfel passen prima.

Die Kartoffeln gar kochen und pürieren.
Die restlichen Zutaten vermengen. Mit Pfeffer, Salz und Zucker abschmecken. Die zerdrückten Kartoffeln mit dem Schneebesen unterschlagen.

Zubereitung: leicht
Rezeptmenge: 4 Portionen

Einkaufsliste:

250 g Feldsalat
1 Chicoree
6 Kirschtomaten
50 g gehackte Walnüsse
100 g feine Steckrüben-streifen
2 kleine Kartoffeln
Balsamico-Essig
Maiskeimöl
50 g geräucherter Bauchspeck

Restauranttipp:

Böses Restaurant im Waldschlösschen Bösehof

Nicht nur den Feldsalat mit Steckrübenstreifen können Sie (auf Anfrage) in Böses Restaurant im Waldschlösschen Bösehof genießen. Vor allem die Fisch- und Wildgerichte sollten Sie probieren. Auch auf Kinder hat sich das Waldschlösschen eingestellt. Hochstühle, Spielzeug und Wickelmöglichkeit sind vorhanden. Außerdem gibt es eine Kinderspeisekarte.

Anfahrt: Autobahn A27, Abfahrt Debstedt, rund zwölf Kilometer Landstraße bis Bederkesa. Von Hamburg über die B 73 bis Hechthausen und weiter über Lamstedt nach Bederkesa.

Böses Restaurant im Waldschlösschen Bösehof
Hauptmann-Böse-Str. 19, 27624 Bederkesa
Tel: 0 47 45 / 98 40, Fax: 0 47 45 / 94 82 00
Öffnungszeiten: täglich 11.30–14.00 Uhr, 18.00–21.30 Uhr

Petersilienwurzelsuppe mit Grünkohlklößchen

Zutaten:

Suppe
1 Schalotte
500 g Petersilienwurzeln
150 g Kartoffeln (mehlig)
50 g Schweineschmalz
0,5 l Gemüsebrühe
100 ml Sahne
50 g Crème fraîche
Salz
Pfeffer

Klößchen
80 g Grünkohl
40 g Schmalz
1 Schalotte
1 Kochmettwurst (ca. 80 g)
40 g Weichweizengrieß
1 mehligkochende Kartoffel
Salz
Pfeffer

Zubereitung:

Schalotte schälen und fein schneiden.
Petersilienwurzeln vom Grün trennen. Kartoffeln und Petersilienwurzeln schälen und würfeln.
Schalotten- und Gemüsewürfel kurz in Schmalz anschwitzen, mit Brühe auffüllen und Gemüse gar kochen. Alles fein pürieren.

Mit Sahne und Crème fraîche verfeinern und mit Salz und Pfeffer abschmecken.
Etwas Petersiliengrün waschen, klein schneiden und über die Suppe streuen.

Grünkohl verlesen, gut waschen und in feine, nicht zu lange Streifen schneiden. In Schmalz mit fein gewürfelter Schalotte und der ausgedrückten Mettwurst anschwitzen.

Zutaten abkühlen lassen und mit Weichweizengrieß und zerdrückter gekochter Kartoffel vermengen. Mit Salz und Pfeffer abschmecken. Kleine Klößchen formen und in leicht gesalzenem Wasser gar ziehen lassen. Vor dem Servieren in die Suppe geben.

Zubereitungsart: leicht
Rezeptmenge: 4 Portionen

Einkaufsliste:

500 g Petersilienwurzeln
300 g mehlig kochende Kartoffeln
1 Kochmettwurst (ca. 80 g, wird in Oldenburg und im Ammerland zum Grünkohl gereicht)
80 g Grünkohl
2 Schalotten
90 g Schweineschmalz
40 g Weichweizengrieß
0,5 l Gemüsebrühe
100 ml Sahne
50 g Crème fraîche

Die letzte Aalräucherei am Zwischenahner Meer

»Bei uns wird noch jeder Aal einzeln kontrolliert, ob er gar ist«, erklärt Gertraud Oetken. Ein Fingerdruck an der dicksten Stelle und die Fischereimeisterin aus Meyerhausen weiß, wie lange der Aal noch in den Rauch muss. »Jeder Aal ist schließlich anders.« Und das bezieht sich nicht nur auf die Größe, sondern auch auf die Festigkeit des Fleisches.

Zwei bis drei Stunden hängen Aale im Rauch.

Die Fischerei Rabben ist inzwischen die einzige Räucherei am Zwischenahner Meer. Der See ist mit seinem schlickigen Boden und dem natürlichen Schilfbewuchs am Ufer ein idealer Lebensraum für Aale. So schwimmen sie immer tiefer in die nach hinten spitz zulaufenden Reusen hinein und sind gefangen.

Zwei bis drei Stunden werden die Aale über offenem Buchenfeuer bei einer Temperatur von mindestens 80 Grad geräuchert. Immer wieder gießt Gertraud Oetken, die Fischmeisterin, Wasser auf das Feuer, damit es nicht zu stark brennt.

Als sie 1968 ihre Meisterprüfung machte war sie die erste Fischereimeisterin Deutschlands. Die 58-Jährige erinnert sich gern an ihre Lehrzeit: »Die Jungs haben sehr geguckt, als da plötzlich ein Mädel stand.« Aber das »Mädel« kam gut zurecht. Sie studierte die Gewohnheiten der Fische, lernte die Herstellung von Netzen, machte sich in der Fischverarbeitung kundig und natürlich wurde sie auch mit den Fischereigesetzen vertraut.

Oetkens Betrieb gehört zu den wenigen, die noch mit offenem Buchenfeuer arbeiten. Doch in den Buchenscheiten allein liegt das Geheimnis nicht. Es kommt vor allem auf den richtigen Zeitpunkt an. Wird der verpasst, räuchert man also zu lange, läuft das teure Aalfett aus. »Das geht dann ans Portemonnaie«, umschreibt Oetken die Folge von allzu großer Nachlässigkeit. Darum würden die großen Räuchereien die Aale sicherheitshalber zum frühsten Zeitpunkt herausnehmen. Doch Aal ist nicht gleich Aal und deshalb gibt es auch nicht nur einen optimalen Zeitpunkt. »Bei uns verlässt jeder Aal erst dann den Rauch, wenn er völlig gar ist«, sagt die Fischereimeisterin.

Den Kunden freut das, schließlich hat ein optimal geräucherter Aal den besten Geschmack. Beim traditionellen Aalessen am Zwischenahner Meer kann das ausprobiert werden. Der wirklich kundige Gast genießt jedoch zunächst einen Trunk aus dem Zinnlöffel. Und wenn der Kellner ihn mit: »Ick seh di!« anspricht, sollte der Gast artig mit: »Dat freit mi!« antworten.

Und schon ist man mitten drin in den Ammerländer Gepflogenheiten. Der Aal wird aus seiner Haut gepellt und mit den Fingern gegessen. Dazu gibt es Schwarzbrot, Korn aus dem Löffel und Bier. Zum Händewaschen nimmt man ebenfalls Korn – das Beste gegen Fett.

*Wenn Sie sich die **Fischerei Rabben, Dreibergerstraße 37, 26160 Bad Zwischenahn-Meyerhausen**, einmal ansehen möchten können sie sich unter **Tel: 0 44 03 / 83 42** anmelden.*

*Das traditionelle Aalessen ist möglich im **Spieker, Am Hogen Hagen, 26160 Bad Zwischenahn, Tel: 0 44 03 / 23 24. Öffnungszeiten: Täglich von 10.00–24.00 Uhr (außer 24., 25. und 31. Dezember).***

Steckrübensuppe mit Zwischenahner Rauchaal

Zutaten:

Vorbereitung
100 g Steckrübenwürfel
1/2 Teel. Senfsaat

Suppe
30 g Schalottenwürfel
200 g Steckrübenwürfel
100 g Kartoffelwürfel
80 g Karottenwürfel
60 g Butter
0,7 l Gemüsebrühe
100 g Rauchaal
abgezogen und entgrätet
10 g Butter
Zucker
Salz
Pfeffer aus der Mühle
8 cl saure Sahne oder
80 g Crème fraîche
Petersilie

Zubereitung:

Die Steckrübenwürfel und die Senfsaat in Salzwasser etwa vier Minuten vorkochen und warm stellen.

Schalotten-, Steckrüben-, Kartoffel- und Karottenwürfel in Butter anschwitzen, mit der Brühe auffüllen und langsam weich kochen.

Den Rauchaal in kleine Würfel schneiden und zusammen mit den vorgekochten Steckrübenwürfeln in Butter kurz anschwitzen. Die vorgekochten Senfkörner dazugeben und alles warm stellen. Den Suppenansatz mit dem Mixer pürieren, durch ein Sieb drücken, aufkochen, abschmecken und saure Sahne oder Crème fraîche unterziehen.

Suppe in tiefe Teller füllen. Den Aal, Steckrübenwürfel und Senfkörner auf die Suppe geben. Mit gehackter Petersilie bestreuen.

Zubereitung: mittel
Rezeptmenge: 4 Portionen

Einkaufsliste:

30 g Schalottenwürfel
300 g Steckrübenwürfel
100 g Kartoffelwürfel
80 g Karottenwürfel
0,7 l Gemüsebrühe
100 g Rauchaal abgezogen und entgrätet
Senfsaat
8 cl saure Sahne oder 80 g Crème fraîche
Petersilie
Butter

Morgenstimmung am Zwischenahner Meer.

Backobst nach Art von Oma Meta

Zutaten:

300 g geräucherter, durchwachsener Speck
350 g eingeweichtes, gemischtes Backobst
200 g Rosinen
1–2 Stangen Zimt
Zucker
1-2 Essl. Sago

Zubereitung:

Speck mit etwas Wasser zum Kochen bringen. 1 Stunde köcheln lassen. Speck wieder herausnehmen.
Backobst, gewaschene und abgetropfte Rosinen, Wasser und Zimt dazugeben. Eine weitere Stunde köcheln lassen.

Mit Zucker abschmecken. Sago einstreuen und unter Rühren glasig werden lassen.

Früher wurde der Speck in Scheiben geschnitten und zum Backobst serviert.

Zubereitung: einfach
Rezeptmenge: 4 Portionen

Einkaufsliste:

300 g geräucherter, durchwachsener Speck
350 g gemischtes Backobst
200 g Rosinen
1–2 Stangen Zimt
Sago

Kehdinger Klüten

Zutaten:

250 g Mehl
1 Teel. Salz

Zubereitung:

Mehl und Salz mischen. Zwei bis drei Kellen kochendes Wasser darüber geben. Tüchtig mit dem Holzlöffel verrühren und »hacken«. Profis haben dazu ein Holzmesser, ein so genanntes Klütenmesser. Danach vier bis sechs Klöße formen und 20 Minuten in kochendem Salzwasser ziehen lassen. Sie sind fertig, wenn sie oben schwimmen. In Hamburg gibt man in den Teig auch noch etwas Butter oder ein Ei.

Zubereitung: einfach
Rezeptmenge: 2 Portionen

Einkaufsliste:

250 g Mehl

Oma Metas Tipp:

»Nich so veel Woder in de Klüten,
ober ennig Woder inn Putt!«

Steckrübenmus mit kross gebratener Rippe

Zutaten:

1200 g dicke Rippe im Stück

1400 g Steckrüben
700 g Kartoffeln

Salz
schwarzer Pfeffer
Öl
Piment, gemahlen

Zubereitung:

Dicke Rippe mit Knochen im Schnellkochtopf mit 0,5 l Wasser etwa 25 Minuten garen. Fleisch herausnehmen und beiseite stellen.
Die gewaschenen, geschälten Steckrüben in Stifte schneiden und in die Brühe geben. Kartoffeln schälen, in Scheiben schneiden und auf die Steckrüben geben. Eventuell mit etwas Wasser auffüllen.
Im geschlossenen Schnellkochtopf etwa 15 Minuten garen.
Inzwischen die Knochen vom Fleisch lösen und das Fleisch in 1,5 Zentimeter dicke Scheiben schneiden. Von beiden Seiten pfeffern und salzen und in Öl kross braten.
Steckrüben und Kartoffeln fein stampfen und mit Salz und gemahlenem Piment herzhaft abschmecken. Das Bratfett unter den Brei mischen. Rippenscheiben auf dem Mus anrichten.

Zubereitung: mittel
Rezeptmenge: 4 bis 6 Portionen

Einkaufsliste:

1400 g Steckrüben
700 g Kartoffeln
1200 g dicke Rippe im Stück
Piment, gemahlen
Öl

Fische, Landschaften und Leuchttürme: Ein Kapitän sammelt Postkarten von Norderney

Mit seinen 4700 Ansichtskarten steht Kapitän Jochen Pahl im Guinessbuch der Rekorde. Als der NDR für den Nordseereport einen Film über die Sammelleidenschaft des Seemannes drehte, kochte Ehefrau Heike den Pantji-Fisk – das traditionelle Omelette der Seefahrer auf Norderney. Aber nicht nur bei Rezepten können sich Heike und Jochen Pahl für Historisches begeistern. Die älteste Postkarte der umfangreichen Sammlung stammt von 1880. »Erst um die Jahrhundertwende begann der Handel mit Ansichtkarten im größeren Stil«, erklärt Jochen Pahl. Exemplare aus den frühen Anfängen nennt man »Vorläufer«. Mehrere hundert Mark werden unter Kennern für diese Seltenheiten inzwischen geboten. 30 dieser Schätze besitzt Jochen Pahl. Dazu gehörte viel Sammlerglück, denn er sucht ausschließlich Karten von Norderney.

Fische und Meeresfrüchte mit Norderney-Ansichten waren früher ein beliebtes Postkartenmotiv.

Eine Menge Schätze hat er in 14 Jahren zusammengetragen. Da gibt es zum Beispiel transparente Stücke wie »das Rettungsboot in sturmgepeitschter See«. Hält man sie gegen das Licht, erscheint ein Schwimmer im Rettungsring. Auch Hafenaufnahmen faszinieren den Kapitän. »Die Motive zeigen die Veränderungen. Das ist ein Stück Geschichte.«
Je beliebter das Motiv früher war, desto leichter findet man es noch heute. »Mit Leuchttürmen könnte ich das Wohnzimmer tapezieren«, sagt der Spezialist lachend. Andere Darstellungen wurden weit weniger häufig verschickt und sind daher heute kaum noch aufzutreiben. Pahl: »Seit Jahren suche ich verzweifelt eine Karte von der Norderneyer Synagoge.« Irgendwo wird es sie geben, da ist er sich sicher.

Pahl, der heute Kapitän auf der Fähre zwischen Norddeich und Norderney ist, fuhr früher mit den verschiedensten Schiffen um die Welt. Er kam über eine noch frühere Sammelleidenschaft an sein Hobby. »Ich bin eigentlich Philatelist. Als ich eine Briefmarkensammlung taxieren sollte, zeigte mir der Besitzer das Ansichtskartenalbum seiner Mutter«, erinnert sich Pahl und eigentlich wollte er das Album erst gar nicht haben, aber einfach wegwerfen? Das brachte sein Sammlerherz nicht fertig, zumal 14 Norderneyer Motive längst sein Interesse geweckt hatten. Also nahm er das Album und die Sammlung »Postkarten von Norderney« begann. Inzwischen hat Pahl die 4700 Stücke nach 76 Themen geordnet. Alte Rezepte, wie sie heute viele Karten zieren, wurden um die Jahrhundertwende allerdings noch nicht auf Postkarten gedruckt.

Restauranttipp:

Vollmers Restaurant zur Mühle

Wer Pantji-Fisk in rustikaler Umgebung essen möchte, ist im Restaurant zur Mühle auf Norderney gut aufgehoben.
Die Kornwildmühle »Selden Rüst« (selten Ruhe) aus dem Jahr 1862 ist die einzige auf den ostfriesischen Inseln. Die beiden Mahlsteine schafften bei gutem Wind der Stärke 5 bis 6 täglich etwa fünf Tonnen Korn. Während einer Sturmflut 1951 brach ein Flügel ab und noch im gleichen Jahr brannte die Mühle nieder. Mit einem Flügelpaar und Motor wurde trotzdem noch bis 1962 weiterhin Korn gemahlen. Drei Jahre später wurde die Mühle vollständig restauriert. In heimeliger Atmosphäre gibt es dort jetzt ostfriesische Spezialitäten und leckere Fischgerichte.

Anfahrt: Die Mühle liegt auf halber Strecke zwischen Fähranleger und Innenstadt.

Restaurant zur Mühle
Marienstr. 24, 26548 Norderney, Tel: 0 49 31 / 20 06
Öffnungszeiten: täglich 11.30–14.00 und 18.00–21.30 Uhr, Mi Ruhetag.

Die Insel Norderney ist auch im Winter ein attraktives Urlaubsziel.

Pantji-Fisk

Zutaten:

1 kg Kartoffeln (klein und festkochend)
2 Zwiebeln
600 g Fischfilet (Rotbarsch, Seelachs oder Kabeljau)
Salz
Pfeffer
Mehl
50 g Butter

6–8 Eier
1 Essl. Senf

Zubereitung:

Kartoffeln kochen und pellen. Zwiebeln schälen und in kleine Würfel schneiden.

Fischfilet in schmale Streifen schneiden, mit Pfeffer und Salz würzen und etwas Mehl bestreuen.

In einer beschichteten Pfanne mit wenig Butter anbraten und bräunen lassen. (Nicht zu lange, damit der Fisch nicht austrocknet)
Fisch aus der Pfanne nehmen und beiseite stellen.
Kartoffeln – ganz oder gewürfelt – in Butter anbraten. Die Zwiebeln hinzufügen. Wenn die Kartoffeln und Zwiebeln goldbraun sind, sachte das Fischfilet wieder unterheben.
Eier mit Senf verrühren und über die Kartoffel-Fisch-Mischung gießen. Um die Masse gleichmäßig stocken zu lassen, entweder einen Deckel auf die Pfanne legen oder im Ofen überbacken.
Das Ei darf nicht trocken werden.

An der Küste reicht man Rote Beete und Gewürzgurke dazu. Aber auch ein kräftig angemachter Tomatensalat passt prima dazu.
Die alten Fahrensleute aßen den Pantji-Fisk früher direkt aus der Pfanne.

Zubereitung: leicht
Rezeptmenge: 4 Portionen

Einkaufsliste:

1 kg Kartoffeln (klein und festkochend)
2 Zwiebeln
600 g Fischfilet (Rotbarsch, Seelachs oder Kabeljau)
6–8 Eier
50 g Butter
Mehl
Senf

Jungschweinkeule in Kümmeljus mit Wirsing à la Creme und Bratkartoffeln

Zutaten: / **Zubereitung:**

Schweinekeule

2 kg Jungschweinkeule oder Spanferkel
20 g Senf
Pfeffer
Salz
Öl

Die Schweinekeule mit Senf einreiben. Mit Salz und Pfeffer würzen. Schwarte kreuzweise einschneiden und mit Öl in einem Bräter von beiden Seiten scharf anbraten.

1 kg Schweineknochen (gehackt)

Die gehackten Knochen dazugeben und im vorgeheizten Backofen bei 190 Grad etwa 30 Minuten braten.

100 g Karotten
100 g Sellerie
250 g Zwiebeln

Karotten, Sellerie und Zwiebeln waschen, grob würfeln und hinzugeben. Nach weiteren 30 Minuten sind Knochen und Gemüse geröstet. Schweinekeule herausnehmen, in eine andere Form legen und weitere 30 Minuten bei 170 Grad braten.

Sauce

0,5 l Rotwein
50 g Tomatenmark
10 g Kümmel
1 Zweig Thymian
1 Zweig Rosmarin
1 Knoblauchzehe
1 l Fleischbrühe

Knochen und Gemüse auf dem Herd noch einmal erhitzen. Mit 0,25 l Rotwein ablöschen. Tomatenmark dazugeben und nochmals mit 0,25 l Rotwein auffüllen. Kümmel, Thymian, Rosmarin und Knoblauch dazugeben. Mit 1 l Fleischbrühe auffüllen, einkochen und durchsieben.

Bratkartoffeln

1,5 kg Kartoffeln
100 g Speck
100 g Zwiebeln
Öl
Salz
Pfeffer

Kartoffeln in Salzwasser kochen, abgießen, pellen und in Würfel schneiden. Speck und Zwiebeln würfeln und anschwitzen.
In einer Pfanne Öl erhitzen, Kartoffeln hineingeben und goldbraun braten. Speck und Zwiebeln dazugeben und bis zur gewünschten Farbe braten. Mit Salz und Pfeffer würzen.

Wirsing à la Creme

800 g Wirsing
1 Schalotte
50 g Butter
0,1 l Sahne
Salz
Pfeffer
wenig Muskat
etwas Kümmel

Wirsingblätter vom Strunk entfernen, in Streifen schneiden und blanchieren. Schalotte würfeln, in Butter anschwitzen.
Wirsing dazugeben, mit Sahne auffüllen und zugedeckt gar kochen.
Mit den Gewürzen abschmecken.

1 Fleischtomate
1 Essl. Schmand

Tomate häuten, entkernen und in Würfel schneiden. Vor dem Anrichten Schmand und Tomatenwürfel zum Wirsing geben.

Zubereitung: mittel
Rezeptmenge: 4–6 Portionen

Einkaufsliste:

2 kg Jungschweinkeule oder Spanferkel
1 kg Schweineknochen (gehackt)
100 g Karotten
100 g Sellerie
350 g Zwiebeln
1 Fleischtomate
0,5 l Rotwein
10 g Kümmel
1 Zweig Thymian
1 Zweig Rosmarin
1 Knoblauchzehe
1 l Fleischbrühe
1,5 kg Kartoffeln
100 g Speck
1 kg Wirsing
1 Schalotte
0,1 l Sahne
20 g Senf
50 g Tomatenmark
Butter
Öl
Muskat
Schmand

Märchenhaft verträumt: das hannoversche Rathaus im Winter.

»Tolle Herausforderung« – Gourmetkoch in der Mensa

Von der Gourmetküche in die Mensa. Für Thomas Volk kein Karriereknick: »Aus Hummer und Kaviar etwas Besonderes zu kochen ist keine Kunst. Aber aus einfachen Zutaten etwas zu zaubern – das ist eine Herausforderung.« Der stellvertretende Küchenchef des Interconti Hannover wechselte kurzerhand in die Hauptmensa der Landeshauptstadt. »8000 Essen täglich – das war eine tolle Herausforderung.« Volk setzte sich ein Ziel: Er wollte sein Wissen über die Gourmetküche in die preisgünstige Massenverpflegung einbringen und das Experiment gelang. Aus einer Studentenkantine, in der selbst die Mitarbeiter nicht mittagessen wollten, machte er gemeinsam mit Mensaleiter Norbert Claßen in nur drei Jahren eine der besten Mensen Deutschlands.

»Es reicht nicht, gute Produkte einzukaufen, man muss die Qualität auch an die Kunden weitergeben«, lautet Volks Erfolgsrezept. Statt das Mittagessen stundenlang warm zu halten, ließ er dreimal am Tag kochen. Ein Koch bereitete außerdem jeden Tag vor den Augen der Studenten ein Gericht frisch zu. Mit diesem »Frontcooking« gewann er die bis dahin nicht gerade verwöhnten Studenten im Nu. Doch jeden Tag Schweinebraten, Nudeln und Joghurt? »Irgendwann hat mir das Schickimicki-Kochen doch gefehlt«, gesteht Thomas Volk. Da kam 1999 das Angebot, im Rathaus zu arbeiten, gerade recht. Die Stadt suchte jemanden, der die Gemeinschaftsverpflegung für die städtischen Mitarbeiter wieder attraktiv machen sollte. Das Besondere für Volk: Er leitet nicht nur die Kantine, sondern auch die Küche des gutbürgerlichen Restaurants »Gartensaal« im Neuen Rathaus. Außerdem plant er Buffets für Empfänge bis zu 1500 Personen. Auch so etwas ist eine Herausforderung und damit genau das Richtige für den innovativen Koch.

Im historischen Gewölbe des Rathauskellers essen die städtischen Mitarbeiter. 600 bis 800 Essen werden täglich ausgegeben. Volk führt das erfolgreiche Mensa-Konzept weiter. Es gibt täglich ein vegetarisches Gericht, ein Essen mit Produkten der Bio-Bauern aus der Region, dazu Frontcooking, Salat- und Dessertbuffet. Volk: »Es geht aufwärts«. Die Mitarbeiter fühlen sich wohl. »Restaurant, Kantine und Bankett sind eine geniale Mischung«, meint Volk auch noch nach zwei Jahren. Früher habe er Silvester immer auf dem Dach des Interconti mit seinen Kollegen das neue Jahr begrüßt. Jedes Mal habe er auf das gegenüberliegende Rathaus geblickt und gedacht, in diesem wunderschönen Gebäude müsste eigentlich das Hotel sein. Jetzt arbeitet er wirklich da. »Für mich ist ein Traum in Erfüllung gegangen«, freut sich der 38-Jährige.

Restauranttipp:

Der Gartensaal

Thomas Volk (rechts im Bild) und Norbert Claßen kreierten die Jungschweinkeule in Kümmeljus. Wer es nicht selbst nachkochen möchte, kann das Wintergericht im Gartensaal genießen. Da es nicht regulär auf der Karte steht, müssen Sie vorbestellen.

Der Gartensaal befindet sich in der ehemaligen südlichen Eingangshalle des Neuen Rathauses mit einem herrlichen Blick auf den Maschpark. Neben der internationalen Küche stehen auch niedersächsische Spezialitäten auf der Speisekarte. Das Restaurant gibt sich bürgernah und richtet sein Angebot auch an Familien. So gibt es zwar eine kleine Speisenauswahl für Kinder, aber lieber fragen die Mitarbeiter einfach nach den Wünschen der jungen Gäste. Und diese werden dann auch erfüllt.

Falls Sie sich entschließen, sich im Gartensaal verwöhnen zu lassen, sollten Sie auf jeden Fall ein Blick in Hannovers Rathaus werfen. Mit dem Fahrstuhl gelangen sie auf den 97 Meter hohen Rathausturm und haben einen wunderbaren Blick über die Stadt. Turmauffahrten und Führungen vom 1. April bis 31. Oktober Mo–Fr 9.30–18.00 Uhr und am Wochenende von 10.00 bis 18.00 Uhr. Führungen können unter Tel: 05 11 / 16 84 53 33 vereinbart werden.

Der Gartensaal, Bistro und Restaurant im neuen Rathaus
Trammplatz 2, 30159 Hannover
Tel: 05 11 / 16 84 88 88, Fax: 05 11 / 16 84 11 52
Öffnungszeiten: täglich 11.00–18.00 Uhr, vom 15. Mai bis 15. September bis 22.00 Uhr

Gourmetküche im Wohnzimmer

»Ich koche nicht nur des Berufes wegen. Kochen ist mein Leben!« Wer einmal von Birgit Jahn-Reinhardt bewirtet wurde, weiß, wovon sie spricht. Die 46-jährige Köchin aus Hannover musste hart arbeiten, um sich einen Platz in der von Männern beherrschten Berufsküche zu erobern: »Als ich sagte, dass ich Köchin werden möchte, war meine Mutter entsetzt.« Denn noch in den 70er Jahren waren Frauen in der warmen Küche nicht gern gesehen, höchstens als Kaltmamsell durften sie arbeiten – also nur kalte Gerichte zubereiten. Birgit Jahn-Reinhardt setzte sich durch. Sie war die erste junge Frau in der Berufsschule.

Heute arbeitet sie in den besten Restaurants Deutschlands und hat sich mit einem ungewöhnlichen Berufszweig selbstständig gemacht: Birgit Jahn-Reinhardt ist Mietköchin.

Nachdem sie und ihr Mann ihr Restaurant Reinhardtshöhe in Salzgitter aufgegeben hatten, meldeten sich immer wieder frustrierte Gäste: »Wo sollen wir denn jetzt Konfirmation feiern?« Die patente Meisterköchin überlegte nicht lange: »Ich komme und koche bei Euch.«

Seit 1997 serviert sie inzwischen Gourmetküche in wechselnden Esszimmern. Sie bespricht das Menü, kauft ein und reist mit allen wichtigen Arbeitsgeräten an. Und wenn es besonders schön werden soll, dann packt sie auch schon mal die eigenen Antiquitäten ein, um etwa eine Suppe stilvoll zu servieren. »Wenn ich weiß, dass die Gastgeber auf so etwas Wert legen, mache ich das gern.«

Die meisten ihrer Stammkunden sind inzwischen Freunde geworden. »Ich mache keine Werbung, aber bei jedem Essen lässt sich mindestens einer die Visitenkarte geben.«

Für ihre Dienste nimmt die reisende Köchin neben den Kosten für die Zutaten 65 Mark die Stunde. »Es ist nicht viel günstiger, als in einem Sternerestaurant, aber eben doch etwas Besonderes.«

Gelernt hat sie bei vielen Spitzenköchen, so auch bei Rudolf Katzenberger in Rastatt – Deutschlands Antwort auf Paul Bocuse. »Als Koch muss man oft wechseln, um sich von allen Meistern die Raffinessen abzugucken«, erklärt sie und lacht. Sie hat keinen Bereich ausgelassen.

Wo Birgit Jahn-Reinhardt kocht, da wird erst zugeschaut …

… und dann so richtig gut gegessen!

In der Profiküche, in der viele zur Spezialisierung neigen, hat sie alle Posten mit Bravour ausgefüllt.

Das machte anfangs ihren Freunden schwer zu schaffen. Denn was soll man einer Zauberin in der Küche servieren? »Mein Mann und ich wurden nicht eingeladen, weil sich niemand traute, für uns zu kochen«, klagt sie schmunzelnd. Das hat sich inzwischen geändert. »Ich würde doch nie etwas sagen, wenn sich da jemand stundenlang hinstellt, um für uns etwas zuzubereiten. Davor habe ich viel zu viel Respekt«, betont Birgit Jahn-Reinhardt, die es im Übrigen sehr genießt, auch einmal bewirtet zu werden. Und wenn doch mal etwas völlig misslungen ist? »Dann wird es mit Anstand heruntergewürgt.«

Wer sich von Birgit Jahn-Reinhardt bekochen lassen möchte:
Tel: 05 11 / 9 52 31 87 (ab 11.00 Uhr)

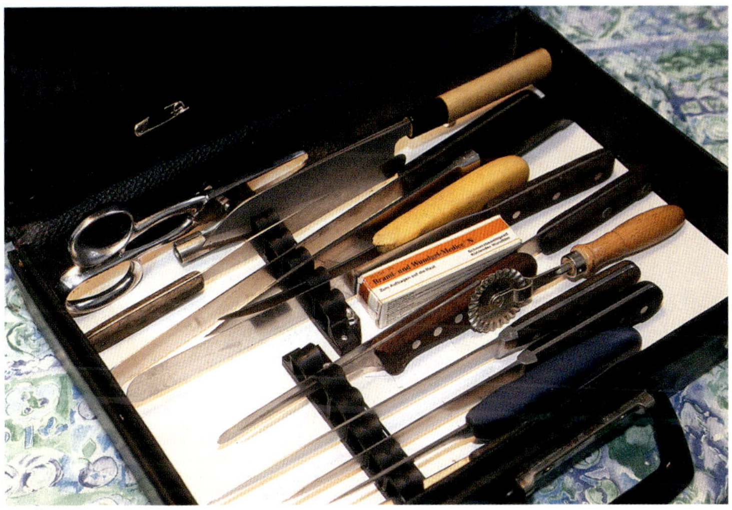

Eine Spitzenköchin vertraut auf ihr Profi-Handwerkszeug und das kommt zu jedem Besuch mit.

Geschmorte Entenkeule mit Apfelsauce, Grünkohl und Steckrübengratin

Zutaten:

Entenkeulen
4 Barbarie Entenkeulen
1 Essl. Entenfett
0,4 l Apfelwein, herb

1 Boskop

Grünkohl
1 kg Grünkohl

2 Zwiebeln
50 g Gänseschmalz
etwa 0,25 l Geflügelfond
Salz
Pfeffer
Zucker
scharfer Senf
4 Essl. feine Haferflocken

Steckrübengratin
800–1000 g Kartoffeln
1 kleine Steckrübe

Butter
Salz
Muskatnuss

0,5 l Sahne

Zubereitung:

Die sauber gezupften und gesalzenen Entenkeulen in Entenfett auf der Hautseite scharf anbraten und mit Apfelwein ablöschen. Den Bräter zudecken und die Entenkeulen unter ständigem Begießen mit Apfelwein gar schmoren.
Die fertigen Keulen auf eine Platte legen und im Ofen warm stellen. Die Sauce durch ein Sieb geben und je nach Geschmack mit etwas Speisestärke binden. Zum Schluss einen Boskop auf einer mittelgroben Reibe in die Sauce reiben.

Die Strünke aus dem Grünkohl zupfen. Dann den Kohl mehrmals waschen. In kochendem Wasser abwällen und in einem Sieb abtropfen lassen. Grünkohl grob hacken.
Zwiebelstreifen im Gänseschmalz glasig werden lassen und den Kohl dazugeben. Mit Geflügelfond angießen und mit Salz, Pfeffer, etwas Zucker und scharfem Senf würzen.

Den Grünkohl gar kochen und zum Binden Haferflocken einstreuen. Man kann auch für den Geschmack ein paar ganz feste Birnen mitkochen, die man zum Schluss wieder herausnimmt.

Kartoffeln schälen und in dünne Scheiben schneiden. Steckrübe schälen, vierteln und in Salzwasser fast gar kochen.

Eine Auflaufform ausbuttern und mit Salz und Muskatnuss würzen. Abwechselnd Kartoffeln und Steckrübenscheiben in drei dünnen Schichten aufeinander legen. Zwischendrin immer wieder würzen.

Das Ganze mit süßer Sahne begießen, bis es leicht bedeckt ist und bei 180 Grad 45 Minuten im vorgeheizten Ofen fertig garen.

Zubereitung: mittel
Rezeptmenge: 4 Portionen

Einkaufsliste:

4 Barbarie Entenkeulen
Entenfett
50 g Gänseschmalz
1,2 kg Grünkohl
800 –1000 g Kartoffeln
2 Zwiebeln
0,25 l Geflügelfond
1 kleine Steckrübe
0,1 l Apfelwein, herb
0,5 l Sahne
1 Boskop
feine Haferflocken
Muskatnuss
scharfen Senf
evtl. 4 kleine feste Birnen

Nach dem ersten Frost schmeckt Grünkohl am besten.

Vielseitiger Grünkohl

Wohl kaum ein Gemüse ist so typisch für Niedersachsen wie der Grünkohl. Eine klassische Variante hat Birgit Jahn-Reinhardt (lesen Sie hierzu Seite 121) zu den geschmorten Entenkeulen vorgestellt. Aber jede niedersächsische Region hat ihre eigene Variante.

Grünkohl auf holsteinische Art

Statt Zwiebeln nehmen die Holsteiner glasierten Porree und dicken den Grünkohl mit Hafergrütze an.

Grünkohl auf Bremer Art

In Bremen werden bräunlich geröstete Zwiebeln und Porree je zur Hälfte in den Kohl gegeben. Gewürzt wird auch mit Piment und Nelken. Zum Andicken sind nur rohe geriebene, mehlige Kartoffeln erlaubt.

Rahm-Grünkohl

Weniger bekannt ist der Rahm-Grünkohl. Zwiebelwürfel werden in Butter angeschwitzt. Der fein gehackte Grünkohl kommt hinzu und muss lange köcheln. Mit Salz, geriebener Muskatnuss und weißem Pfeffer wird gewürzt. Sahne kommt hinzu und Mehlbutter (s. Tipp Seite 21) macht den Kohl zum Abschluss etwas sämig.

Grünkohl auf vegetarische Art

Wer auf Fleisch völlig verzichten will, röstet die blättrig geschnittenen Zwiebeln und Porree in Bucheckern- oder Sesamöl bräunlich. Mit Salz, geriebener Muskatnuss und etwas Zucker würzen und mit Haferflocken andicken.

Grünkohl Rügener Art mit süßen Kartoffeln

Zutaten:

600 g kleine Kartoffeln

1 kg Grünkohl

4 Bregenwürste oder
500 g Kasseler Koteletts
2 Essl. Schmalz
1 Essl. Zucker
20 g Butter

Zubereitung:

Am Vortag Kartoffeln kochen und pellen.

Grünkohl verlesen, waschen, in Salzwasser kochen, bis er eben weich wird, kalt abschrecken und durch den Fleischwolf drehen.

Grünkohl in Schmalz anbraten, mit Zucker bestreuen und das Fleisch darauf legen. Zugedeckt 1 bis 1,5 Stunden garen.

Kartoffeln in Butter braten und je nach Geschmack mit Zucker bestreuen.

Zubereitung: mittel
Rezeptmenge: 4 Portionen

Einkaufsliste:

600 g kleine Kartoffeln
1 kg Grünkohl
4 Bregenwürste oder
500 g Kasseler Koteletts
2 Essl. Schmalz
Zucker

Grünkohlauflauf

Zutaten:

1 kg Grünkohl
600 g gekochte Kartoffeln

1–2 Zwiebeln
2 Essl. Schmalz
Zucker
Salz
Muskatnuss
Pfeffer
0,2 l Brühe
250 g Kochwurst
250 g Kasselerrücken
ohne Knochen
300 g Zwiebeln
2 Essl. Schmalz
3 Essl. Semmelbrösel

Zubereitung:

Grünkohl verlesen, waschen, in Streifen schneiden und in Salzwasser blanchieren. Gekochte Kartoffeln in Scheiben schneiden.

Zwiebeln würfeln und in Schmalz glasig dünsten. Grünkohl dazugeben und mit etwas Zucker, Salz, Muskatnuss und Pfeffer würzen. Den Kohl 35 bis 40 Minuten zugedeckt schmoren lassen, bei Bedarf etwas Brühe angießen.

Kochwurst und Kasseler in Stücke schneiden und dazugeben.
Die Zwiebeln in Ringe schneiden und im Schmalz glasig dünsten.
Semmelbrösel dazugeben.

In eine gefettete Auflaufform kommen zuerst die Kartoffeln, dann Grünkohl, das Fleisch und obenauf die Zwiebeln.
Salzen und pfeffern.

Bei 190 bis 200 Grad (Umluft) etwa 30 Minuten garen.
Da die Zwiebeln leicht zu dunkel werden, sollten Sie die Form in den ersten 20 Minuten mit Alufolie abdecken.

Zubereitung: mittel
Rezeptmenge: 4 Portionen

Einkaufsliste:

1 kg Grünkohl
800 g Kartoffeln
400 g Zwiebeln
0,2 l Brühe
250 g Kochwurst
250 g Kasselerrücken
ohne Knochen
Semmelbrösel
Schmalz
Muskatnuss
Pfeffer

Reh- oder Hirschgulasch

Zutaten:

Marinade
500 g Reh- oder Hirschgulasch
4 Essl. Orangensaft
3 Essl. Zitronensaft
5 Essl. Öl
1 Lorbeerblatt
10 zerdrückte Wacholderbeeren
schwarzer Pfeffer
4 Pimentkörner
2 Nelken

1 Möhre
1 Zwiebel
Öl
1 l Brühe
5 Essl. Weißwein
50 g Schinkenspeck
1 Zwiebel
250 g Pfifferlinge
schwarzer Pfeffer
30 g Butter
Salz
Soßenbinder oder Mehlbutter
Preiselbeeren aus dem Glas
saure Sahne

Zubereitung:

Alle Zutaten verrühren und über das Fleisch gießen. 24 Stunden durchziehen lassen. Fleisch herausnehmen und in einem Sieb gut abtropfen lassen. Man kann die Gewürze auch in einem Säckchen in die Marinade geben, dann sind später keine Gewürzkörner am Fleisch.

Fleisch mit Öl in einem Topf anbraten. Gewürfelte Möhren und Zwiebeln hinzugeben.

1 l Brühe, Weißwein und die durchgesiebte Marinade angießen und 1 Stunde zugedeckt garen.
Schinkenspeck, Zwiebelwürfel und geputzte Pfifferlinge mit schwarzem Pfeffer in Butter anbraten. Zum Fleisch geben und mit Salz und Pfeffer abschmecken.

Mit Soßenbinder oder Mehlbutter andicken. Zum Verfeinern Preiselbeeren und saure Sahne unterziehen.

Ideale Beilage sind Spätzle.

Zubereitung: mittel
Rezeptmenge: 3 Portionen

Einkaufsliste:

500 g Reh- oder Hirschgulasch
1 Möhre
2 Zwiebeln
1 l Brühe
50 g Schinkenspeck
250 g Pfifferlinge
1 Lorbeerblatt
10 Wacholderbeeren
schwarzer Pfeffer
4 Pimentkörner
2 Nelken
Orangensaft
1 Zitrone
Öl
Weißwein
Soßenbinder oder Mehlbutter
Preiselbeeren aus dem Glas
saure Sahne

Schlesische Wurstfülle

Zutaten:

375 g frischer Schweinebauch
375 g Schweineleber
500 g Perlgraupen
0,5 l Brühe
1 große Zwiebel
2–4 Knoblauchzehen
1 altes Brötchen
Pfeffer
Salz
gemahlener Piment
1 Prise Zucker
100 g Butter

Zubereitung:

Schweinebauch und Leber in reichlich Salzwasser weich kochen.
In einen anderen Topf die über Nacht in kaltem Wasser eingeweichten und abgespülten Perlgraupen geben. Mit Brühe nach und nach auffüllen und gar kochen.
Schweinebauch und Leber sowie Zwiebel und Knoblauchzehen durch den Fleischwolf drehen. Brötchen in Brühe einweichen, ausdrücken und ebenfalls durch den Wolf drehen. Alles zu den Graupen geben. Mit den Gewürzen abschmecken. Leicht gebräunte Butter zum Schluss unterheben.

Dazu schmeckt Sauerkraut und Kartoffeln.

Zubereitung: mittel
Rezeptmenge: 4 Portionen

Einkaufsliste:

375 g frischen Schweinebauch
375 g Schweineleber
500 g Perlgraupen
0,5 l Brühe
1 große Zwiebel
2–4 Knoblauchzehen
1 altes Brötchen
100 g Butter
gemahlener Piment

Genießen mit Wilhelm Busch

Wilhelm Busch (1832–1908) war nicht nur Dichter und Zeichner, sondern auch ein Genießer. In vielen seiner Briefe schrieb er von Gartenarbeit und Gaumenfreuden und auch in seinen Bildergeschichten kommt das Essen nicht zu kurz. Man denke nur an Max und Moritz' Streiche die sie der Witwe Bolte spielten. Da müssen nicht nur ihre Hühner das Leben lassen, sondern sie muss auch noch auf die gebratenen Vögel verzichten.

Wilhelm Busch wusste schon, was zu einem perfekten Essen gehört: eine gute Zigarre und ein Glas Wein, z. B. Deidesheimer.

Für Busch war Kochkunst ein Zeichen für ein „gutes Herz", wie er in einem Gedicht schreibt:

»Es wird mit Recht ein guter Braten
Gerechnet zu den guten Taten«

und:

»Ich weiß, dass hier ein jeder spricht:
Ein böses Mädchen kann es nicht.
Drum hab ich mir auch stets gedacht
Zu Haus und anderwärts:
Wer einen guten Braten macht,
Hat auch ein gutes Herz.«

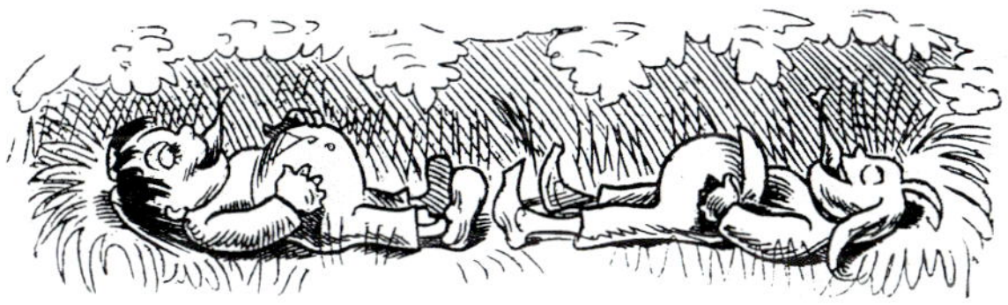

Vieles, was Busch erlebte, setzte er in seinen Geschichten um. Wie Max und Moritz, so streifte auch der neunjährige Wilhelm mit seinem Freund Erich Bachmann durch die Gegend. Fünf Jahre lebte Wilhelm Busch bei seinem Onkel Pastor Georg Kleine in Ebergötzen bei Duderstadt. Die Freundschaft zum gleichaltrigen Müllersohn Erich hielt ein Leben lang. Wer sich ein Bild vom Leben des jungen Wilhelm Busch machen möchte, hat dazu in der Wilhelm-Busch-Mühle in Ebergötzen die beste Möglichkeit. Die alte Herrenmühle, einst Erichs Zuhause, beherbergt heute ein Museum. Neben einer Max-und-Moritz-Buchausstellung sind hier auch die Privaträume der Familie Bachmann zu bewundern. Wilhelm besuchte seinen Freund Erich häufig in der Mühle. Und hier in Erichs guter Stube soll der Dichter auch die Idee gehabt haben, die eigenen Jugenderinnerungen als Bildergeschichte Max und Moritz aufzuschreiben.

Wilhelm-Busch-Mühle
Mühlengasse 8, 37136 Ebergötzen, Tel: 0 55 07 / 71 81
Öffnungszeiten. Täglich 9.00–13.00 Uhr, und 14.00–17.00 Uhr, sonn- und feiertags 10.00–13.00 Uhr und 14.00–17.00 Uhr.

Ausflugstipp: Wilhelm-Busch-Museum

Das Museum in Hannovers Georgengarten ist einen Besuch wert. Als in Deutschland einzigartiges Museum für satirische Kunst zeigt es wechselnde Karikaturen- und Comic-Ausstellungen sowie – bis nach Abschluss des Umbaus der Sammlungsräume voraussichtlich im Sommer 2002 – ständig eine kleine Auswahl der Gemälde und Zeichnungen von Wilhelm Busch.

Wilhelm-Busch-Museum Hannover/
Deutsches Museum für Karikatur und kritische Grafik
Georgengarten, 30167 Hannover
Tel: 0511/16999916, Fax 0511/16999999
Öffnungszeiten: Di–Fr 10.00–17.00 Uhr,
Sa und So 10.00–18.00 Uhr.

Gefüllte Gans mit Rosmarinsauce

Zutaten:

1 Gans (etwa 4 kg)
Salz
Pfeffer
gemahlener Rosmarin

Füllung
500 g Boskop
frischer Rosmarin
50 g Rosinen
20 g gehackte Haselnüsse
20 g Zucker

Zubereitung:

Die Gans auswaschen, Flügelknochen und Hals abschneiden und klein hacken. Die Gans mit einer Mischung aus Salz, Pfeffer und gemahlenem Rosmarin innen kräftig und außen wenig würzen. Mindestens einen Tag kühl stellen.

Die Äpfel schälen, entkernen und in kleine Spälten schneiden. Den frischen Rosmarin hacken und alle Zutaten für die Füllung miteinander vermengen. Die gewürzte Gans damit füllen und in einen Bräter legen. Nun 0,25 l Wasser angießen und bei 180 Grad in den Ofen schieben. Etwa 2,5 bis 3 Stunden braten.

Einkaufsliste:

1 Gans (etwa 4 kg)
500 g Boskop
100 g Sellerie
100 g Karotten
20 g Tomatenmark
50 g Gänseschmalz
1 Orange, unbehandelt
0,5 l Geflügelfond
50 g Rosinen

Sauce
100 g Sellerie
100 g Karotten
50 g Gänseschmalz
20 g Tomatenmark
1 Orange, unbehandelt

frischer Rosmarin

0,1 l Rotwein
0,5 l Geflügelfond
Salz
Pfeffer
Speisestärke

Sellerie und Karotten schälen und in große Würfel schneiden. Die gehackten Gänseknochen in Gänseschmalz anbraten, die Sellerie-Karottenwürfel mitbräunen.

Tomatenmark zufügen. Kurz anrösten und mit dem Rotwein ablöschen. Geflügelfond angießen und zwei Stunden offen köcheln lassen. Flüssigkeitsverlust ausgleichen. Rosmarinzweige und eine in Würfel geschnittene Orange dazugeben und weitere 20 Minuten bei geringer Hitze köcheln lassen. Die gegarte Gans im Ofen warm halten. Den Bratensatz entfetten und die Bratenkruste im Bräter mit etwas Wasser loskochen und zu dem Saucenansatz geben. Die Sauce durch ein Sieb gießen, entfetten und auf 0,4 l reduzieren. Anschließend abschmecken und je nach Empfinden mit Speisestärke etwas abbinden.

Anrichten

Die Füllung der Gans auf vier Teller verteilen und darauf eine halbe Keule und eine viertel Brust legen. Die Sauce in einer Sauciere extra servieren. Dazu werden Rotkohl und Semmelknödel gereicht.

Zubereitung: mittel
Rezeptmenge: 4 Portionen

20 g gehackte Haselnüsse
Zucker
1 Zweig frischer Rosmarin
gemahlener Rosmarin
Speisestärke
Rotwein

Restauranttipp:

Schmiedegasthaus Gehrke

Geboren wurde Wilhelm Busch in Wiedensahl im Schaumburger Land. Nur 20 Kilometer entfernt haben sich heute zwei Brüder den Humoristen zum Schutzpatron gewählt. Getreu seinem Motto »Lieber ein bissel zu gut gegessen, als wie zu erbärmlich getrunken« servieren die Brüder Andreas (rechts im Bild) und Ernst-August Gehrke Buschs Lieblingsgerichte wie die gefüllte Gans mit Rosmarinsauce (auf Vorbestellung). Nicht exotische Leckereien, sondern solide mit Liebe gekochte Hausmannskost hatte es dem Dichter angetan. In diesem Sinne feiert das Schmiedegasthaus Gehrke jedes Jahr im März die so genannten Wilhelm-Busch-Wochen.

Übrigens: Hier gibt es gleich drei Restaurants:
Das exklusive **»La Forge«** wurde mehrfach ausgezeichnet (steht in der Gesamtwertung der Gourmetführer 2001 auf Platz 15, eines der besten Restaurants Norddeutschlands).
Öffnungszeiten: Mi–So ab 18.30–21.30 Uhr.

Das **Schmiederestaurant** bietet regionale Gerichte in gemütlicher Atmosphäre.
Öffnungszeiten: Di–So 12.00–14.00 und 17.00–21.30 Uhr.

Die **Esse** ist eine rustikale Bierbar mit deftigen Gerichten.
Öffnungszeiten: Täglich ab 17.00 Uhr.

Anfahrt: Autobahn A2 Abfahrt Bad Nenndorf. Dann geht es fünf Kilometer auf der B 65 in Richtung Stadthagen und rechts ab nach Riepen. Das Schmiedegasthaus befindet sich mitten im Ort.

Das Schmiedegasthaus Gehrke
Riepener Straße 21, 31542 Bad Nenndorf – OT Riepen
Tel: 0 57 25 / 94 41-0, Fax: 0 57 25 / 94 41-41

Schlemmen im Eichsfeld

Sanfte Hügel und Täler – ihre »bucklige Welt« nennen die Eichsfelder liebevoll die Landschaft rund um Duderstadt. 1100 Quadratkilometer – etwa so groß wie die Insel Rügen – ist die »deutsche Toskana«, aber die kulinarische Vielfalt dieser Region sprengt alle Grenzen. Wegen der über die Jahrhunderte hinweg eher schlichten Lebensverhältnisse hat sich die Eichsfelder Küche zu einer phantasievollen »Arme-Leute-Küche« entwickelt. Die Freude am Feiern ließ die Eichsfelder immer neue lukullische Variationen kreieren. Ihre Devise: »Entweder ordentlich feiern oder gar nicht«.

Wichtigste Zeit im Eichfeld war und ist die Schlachtezeit im Herbst und Winter. Auch die Hochzeiten wurden traditionell in diesen Monaten gefeiert. Der Eichsfelder Bierpfeffer ist eines der vielen deftigen Hochzeitsessen. Noch heute wird beim Schlachten das ganze Schwein verwurstet – selbst das Filet kommt in die Wurst. Üblich ist die Warmschlachtung – das noch warme Fleisch wird ohne Zwischenlagerung mit Gewürzen gemischt und in Därme gefüllt. Sie werden in der Lehmwurstkammer aufgehängt, die zwei Fenster für die Luftzufuhr besitzt. Schlanke Mettwürste heißen Stracke, dicke Feldgieker – auch Feldkieker genannt. Erst im Mai werden sie angeschnitten.

Aber auch andere Bräuche machten die dunklen Tage angenehmer. In den langen Wintermonaten trafen sich die Frauen früher zu »Knütte-Abenden«. Beim gemeinsamen Stricken wurde viel getratscht. Waren die Dorfgeschichten nicht für neugierige Kinderohren bestimmt, hieß es: »Es ist noch nicht ausgefegt«. Das bedeutete, dass noch kleine Lauscher anwesend waren. Erst wenn die Kinder im Bett lagen, gab es die wirklich pikanten Neuigkeiten. Zur lockeren Stimmung trug auch sicher der Eichsfelder Punsch bei, der aus Zucker, Zitronensaft, Wasser und Rum aufgesetzt wurde.

Wenn es draußen so richtig kalt ist, schmeckt die deftige Eichsfelder Küche am besten.

Restauranttipp:

Gasthaus Schenke

Typische Gerichte aus dem Eichsfeld serviert man Ihnen im Gasthaus Schenke in Nesselröden. Das Familienunternehmen in der fünften Generation macht mit bei »Eichsfeld pur«. Diese Initiative verschiedener Wirte setzt ganz auf regionale Spezialitäten. Das Fleisch stammt vom Landwirt nebenan. Rinder und Lämmer kommen aus artgerechter Tierhaltung. Das Obst für die Säfte wird nicht auf Frucht-Plantagen, sondern auf Streuobstwiesen ganz in der Nähe geerntet. Dieser traditionelle Obstanbau verzichtet auf das Spritzen mit Chemikalien.
Auch Eichsfelder Bierpfeffer und Lumpen und Lüse gibt es im Hotel-Gasthaus Schenke.

Wer sich im Eichsfeld etwas umsehen möchte, kann sich außer der historischen Altstadt von Duderstadt auch die Wilhelm-Busch-Mühle in Ebergötzen ansehen. Zu jeder Jahreszeit empfehlenswert ist ein Besuch des Seeburger Sees bei Seeburg zwischen Duderstadt und Göttingen gelegen.

Anfahrt: Von der Autobahn 7 Abfahrt Göttingen Nord. Die Straße nach Nesselröden ist ausgeschildert.

Gasthaus Schenke, Untere Straße 23, 37115 Duderstadt
Tel: 0 55 27 / 9 83 80, Fax: 0 55 27 / 98 38 38
Öffnungszeiten: Mo, Mi–Fr 11.00–14.00 Uhr und ab 16.30 Uhr, Sa/So ab 11.00 Uhr.

Eichsfelder Bierpfeffer nach Oma Berta

Zutaten:

Bierpfeffer
1 kg Rindergulasch
40 g Fett
1 kg Zwiebeln
Salz
gemahlener weißer Pfeffer
grob gestoßener Pfeffer
0,125 l Braunbier (Malzbier)
0,5 l Fleischbrühe

Hefeklöße
500 g Mehl
30 g Hefe
1 Essl. Zucker
0,25 l lauwarme Milch
20 g Salz
50 g zerlassene Butter
2 Eier

Zwiebelgemüse
600 g Gemüsezwiebeln
20 g Fett
0,25 l Fleischbrühe
80 bis 100 g eingeweichte Rosinen
Salz
Pfeffer
Schuss Essig

Zubereitung:

Rindergulasch in heißem Fett kräftig anbraten. Zwiebeln dazugeben und leicht anbräunen. Mit Salz und Pfeffer würzen und mit Braunbier ablöschen. Mit Fleischbrühe auffüllen und 1 Stunde köcheln lassen. Abschmecken.

Mehl in eine Schüssel geben und eine Mulde bilden. Darin die zerkleinerte Hefe mit dem Zucker und etwas lauwarmer Milch verrühren. Mit einem Tuch abdecken und 10 Minuten gehen lassen. Mit der restlichen Milch, Salz, zerlassener Butter und Eiern einen Teig kneten. Wiederum 15 Minuten gehen lassen. Aus dem Teig 8 Klöße formen. Diese nochmals 10 Minuten gehen lassen und anschließend im Wasserdampf 20 Minuten gar ziehen lassen.

Zwiebeln schälen und vierteln. Zwiebelschichten auseinandernehmen. Im heißen Fett andünsten und anschließend mit der Brühe ablöschen. Die eingeweichten Rosinen dazugeben. Mit Salz, Pfeffer und einem kleinen Schuss Essig würzen und 15 bis 20 Minuten langsam ziehen lassen.

Zubereitung: leicht
Rezeptmenge: 4 Portionen

Einkaufsliste:

1 kg Rindergulasch
60 g Fett
1 kg Zwiebeln
0,125 l Braunbier (Malzbier)
0,5 l Fleischbrühe
500 g Mehl
30 g Hefe
0,25 l Milch
2 Eier
600 g Gemüsezwiebeln
0,25 l Fleischbrühe
80 bis 100 g eingeweichte Rosinen
gemahlener weißer Pfeffer
grob gestoßener Pfeffer
Essig
Butter

Lumpen und Lüse – Eichsfelder Schmorkohlpfanne

Zutaten:

800 g Weißkohl
40 g Fett
0,5 l Fleischbrühe
400 g Kartoffeln
Salz
Pfeffer
1-2 Essl. Kümmel
400 g Rindermett

Zubereitung:

Weißkohl in mundgerechte Streifen schneiden. In heißem Fett andünsten, mit Brühe auffüllen.

Geschälte Kartoffeln in dünnen Scheiben dazugeben.
Mit Salz, Pfeffer und Kümmel würzen.

Das gewürzte Rindermett hineinbröseln oder kleine Klopse formen. 40 Minuten schmoren.

Zubereitung: leicht
Rezeptmenge: 4 Portionen

Einkaufsliste:

800 g Weißkohl
40 g Fett
500 g Kartoffeln
400 g Rindermett
0,5 l Fleischbrühe
Kümmel

Filet vom Karpfen im Mangoldmantel auf Roter Beete

Zutaten:

Fisch
4 Karpfenfilets (je 150 g)
4 schöne Mangoldblätter
Salz
Pfeffer
Saft einer halben Zitrone

Zubereitung:

Karpfenfilets waschen und trocken tupfen. Mangoldblätter waschen und entstielen, kurz in kochendem Wasser blanchieren und in Eiswasser abkühlen lassen. Gut abtrocknen. Stiele in Würfel schneiden und blanchieren. Filets salzen, pfeffern und von beiden Seiten mit Zitronensaft beträufeln.

Filets, mit den Bauchseiten nach innen geklappt, in jeweils ein Mangoldblatt einrollen.

Einkaufsliste:

4 Karpfenfilets (je 150 g, grätenfrei)
4 schöne Mangoldblätter
1 Zitrone
30 g Schalotten
50 g Champignons
0,3 l Weißwein

50 g Butter
30 g Schalotten
50 g Champignons
0,25 l Fischfond
0,3 l Weißwein

Gemüse
500 g Rote Beete
Butter
Salz
Zucker
1 Essl. Essig
2 Essl. Wasser
1 Lorbeerblatt
Koriander
Pfeffer
8 Frühlingszwiebeln

Sauce
0,3 l trockener Vermouth
0,2 l Fischfond
0,25 l Crème fraîche
60 g Butter
Salz
Cayennepfeffer
Zitronensaft

Feuerfeste Form ausbuttern und die Filets hineinlegen. Butter, gewürfelte Schalotten und Champignonscheiben zugeben.
Mit Fischfond und Weißwein begießen.
Die Form mit Folie abdecken und bei 200 Grad im Ofen 15 Minuten pochieren.

Rote Beete schälen und in hauchdünne Streifen schneiden. In Butter mit wenig Salz und Zucker in einer Pfanne anschwitzen. Mit Essig und Wasser ablöschen.
Lorbeerblatt, Koriander und Pfeffer hinzufügen. Dämpfen, bis die Streifen noch ein wenig Biss haben. Aus der Pfanne nehmen und beiseite stellen.

Das Weiße der Frühlingszwiebeln putzen, in wenig Brühe dünsten und mit den Mangoldwürfeln in Butter anbraten.

Fond mit Vermouth ablöschen, reduzieren und dann mit Fischfond auffüllen.
Crème fraîche beigeben, wieder reduzieren, passieren und kalte Butterflöckchen einrühren.
Rote Beete zugeben und mit Salz, Cayennepfeffer und Zitronensaft abschmecken.
Rote Beete auf vier Teller verteilen und die Karpfenfilets obenauf legen. Mit den Mangoldwürfeln und den Frühlingszwiebeln anrichten.

Zubereitung: schwer
Rezeptmenge: 4 Portionen

0,45 l Fischfond
500 g Rote Beete
125 g Butter
1 Lorbeerblatt
Koriander
0,3 l trockener Vermouth
250 ml Crème fraîche
8 Frühlingszwiebeln
Cayennepfeffer
Essig

Die Karpfen aus Hannovers Maschsee gelten als besonders lecker.

Ostfriesischer Schneckenkuchen

Zutaten:

500 g Mehl
0,25 l Milch
1 Päckchen Hefe
250 g Butter (flüssig)
225 g Zucker
100 g geraspelte Mandeln
2 Messersp. Zimt
1 Päckchen Orangeat
oder Zitronat

Zubereitung:

Aus Mehl, Milch und Hefe einen Hefeteig zubereiten, der sich gut ausrollen lässt. Als Unterlage empfiehlt sich Backpapier.
Auf dem dünn ausgerollten Teig einen Teil der flüssigen Butter, Zucker, Mandeln, Zimt und Zitronat oder Orangeat verteilen. Den Teig zu einer Wurst aufrollen. Die Wurst in 5 Zentimeter dicke Scheiben schneiden. Die Scheiben nebeneinander in eine gefettete Backform legen. Herunterdrücken, bis eine zusammenhängende Oberfläche entsteht. Im Backofen bei 200 Grad etwa eine Stunde backen. Dabei immer wieder mit flüssiger Butter einpinseln.

Zubereitung: mittel
Rezeptmenge: 10 Portionen

Einkaufsliste:

500 g Mehl
0,25 l Milch
1 Päckchen Hefe
250 g Butter
225 g Zucker
1 Päckchen Orangeat oder Zitronat
100 g geraspelte Mandeln
Zimt

Der Pfarrer und sein Kochstudio

»Den Schneckenkuchen hat meine Schwiegermutter jedes Jahr in einer Bäckerei bestellt und an Freunde und Verwandte verschickt«, erinnert sich Ernst Peter Langen. Der begeisterte Hobbykoch überlässt seiner Frau nur selten die Küche. Aber für diesen traditionellen ostfriesischen Weihnachtskuchen darf Hildburg Langen an den Backofen. Die gebürtige Ostfriesin backt ihn seit Jahren und verschickt ihn an die Kinder. Als ihr Mann – ein evangelischer Pfarrer – diesen Kuchen einmal im Krankenhaus den Schwestern schenkte, wollten alle das Rezept. Schon länger verschenkt Ernst Peter Langen seine liebevoll gestalteten Rezeptblätter »Aus dem EPL-Kochstudio« an Freunde und Bekannte. »Ich arbeite mit Computern, seit es sie gibt«, bekennt der Kirchenmann.

Seine neueste Errungenschaft: Eine digitale Kamera, mit der er die einzelnen Arbeitsschritte fotografiert. Und so entstand für die Krankenschwestern das Rezept »Ostfriesischer Schneckenkuchen« aus dem HL-Backstudio.

Eierpunsch Wattenläufer

Zutaten:

3 Essl. Zucker
4 Eigelb
0,75 l Milch
0,1 l Rum
4 Eiweiß
200 ml Sahne
etwas Muskat

Zubereitung:

Zucker, Eigelb und Milch im Kochtopf mischen. Rum unterziehen. Bei leichter Hitze rühren, bis die Flüssigkeit etwas andickt.

Steif geschlagenes Eiweiß und geschlagene Sahne unterheben. In Becher füllen und mit Sahnehaube und einer Prise Muskat heiß servieren.

Zubereitung: leicht
Rezeptmenge: 4 Portionen

Einkaufsliste:

4 Eier
0,75 l Milch
0,1 l Rum
200 ml Sahne
etwas Muskat
Zucker

Zu guter Letzt etwas gegen den Kater nach der Silvesternacht – einen richtigen schönen Heringssalat.

Harzer Heringssalat

Zutaten:

8 Salzheringe aus dem Fass

400 g Knollensellerie
Schuss Essig
2–3 Zwiebeln
20 g Butter
3–4 Eier
4 saure Gurken
3–4 Boskop
500 g Jagdwurst
750 g Rote Beete
Kapern nach Geschmack
300 ml Mayonnaise
250 ml Sahne
Pfeffer
4 Essl. Öl
2 Essl. Zucker
1 Schuss Essig

Zubereitung:

Salzheringe ausnehmen. Dabei den Rogen entfernen, denn er macht den Fisch bitter. Über Nacht in kaltem Wasser entsalzen lassen. Haut abziehen, entgräten und in kleine Stücke schneiden.
Sellerie würfeln, in wenig Wasser mit einem Schuss Essig (so bleibt der Sellerie weiß) weich kochen. Wasser aufheben.
Zwiebeln würfeln und in etwas Butter andünsten.
Rote Beete bissfest garen und würfeln.
Eier hart kochen und würfeln. Gurken und geschälte, entkernte Äpfel ebenfalls würfeln. Apfelschale aufheben. Jagdwurst in Stücke schneiden.

Mayonnaise, Sahne, Pfeffer, Öl, Zucker und pürierte Apfelschale verrühren. Mit Selleriewasser verdünnen und mit einem Schuss Essig abschmecken. Alle anderen Zutaten mit der Marinade mischen und mindestens eine Nacht im Kühlschrank durchziehen lassen.
Der Heringssalat hält sich eine Woche – wenn wirklich etwas übrig bleiben sollte.

Zubereitung: mittel
Rezeptmenge: 8 Personen

Einkaufsliste:

8 Salzheringe aus dem Fass
400 g Knollensellerie
2–3 Zwiebeln
3–4 Eier
3–4 Boskop
4 saure Gurken
750 g Rote Beete
500 g Jagdwurst
300 ml Mayonnaise
250 ml Sahne
Butter
Essig
Öl
Zucker
Kapern nach Geschmack

Die Autoren

Claudia Kersting, Jahrgang 1965, lief beim Schreiben der Rezepte und Lesegeschichten oft das Wasser im Mund zusammen. Die Autorin und Redakteurin der Neuen Presse in Hannover lebt in der Küche am liebsten ihre Vorliebe für Desserts aus. Für den NDR arbeitet sie als freie Autorin.

Claudia Kersting

Erwin Neu, Jahrgang 1943, arbeitet seit 1975 als Kameramann beim NDR-Fernsehen in Hannover. Immer wieder guckt er mit der Fernsehkamera für die Zuschauer in fremde Kochtöpfe. Der passionierte Hobbykoch fotografierte die niedersächsischen Landschaften und zeigt auf den Fotos, wie die Gerichte mit etwas Geschick aussehen können.

Erwin Neu

Fachliche Beratung

Andreas Lambert, Jahrgang 1963, beriet in Sachfragen und kochte einige der vorgestellten Rezepte an seinem Arbeitsplatz – der Küche im Landesfunkhaus Niedersachsen. Der Küchenmeister gibt in seiner Freizeit Kochkurse. Sollte sich mal ein überflüssiges Pfund angeschlichen haben, trainiert er es als Jugendtrainer beim Fußball wieder ab.

Andreas Lambert